序言
经济、知识、制度

编辑徐玲嘱我作序。我的《青年对话录》，两年前由老友赵婕主持编辑，刊行了其中五本，由我作序——"普通人写给普通人的序言"。赵婕转去担任一份大型期刊的主编，很认真地将这套书的编辑工作和她整理过的文稿交待给徐玲——另一位值得信任的优秀编辑。感谢赵婕写了"编后记"，让我和读者得知这项工作的细节。

两位编辑将《青年对话录》新的三本书定名为《人与经济》《人与知识》和《人与制度》，准确地凸显了这三本书的核心思想——返回到以"人"为核心的经济学、知识论和制度理论。写文章，我的习惯是接着我写过的文章写。为这套文集的前五本和后三本作序，我更要接着写。所以，"普通人写给普通人的序言"与读者现在读的这篇序言，是互补而不是互替的。上一篇序言，有感于我写的许多不容易读懂的文章经过一位既熟悉读者又熟悉我的优秀编辑的重新整理，居然变得通俗易懂。这一篇序言，也是有感而发的。

我们这一代经济学人是20世纪80年代出国留学然后回国教学的。那时，西方人开始反思和批判自己的经济学。我清楚记得在夏威夷大学图书馆见到由凯恩斯主编多年的《经济杂志》展望未来百年经济学的专号，被邀请发言的经济学领袖们多数都对当代经济学过于技术化的倾向表示不满。根据他们的预见，从20世纪80年代开始，未来的一百年，经济学将逐渐摆脱技术化的倾向，转而关注真实世界里的重要问题。

马歇尔写《经济学原理》的时候，生怕技术细节误导读者，特意将几何和数学推导统统放在脚注和附录里——这是社会科学长期坚持的写作风格，以威克斯蒂德的两卷本《常识政治经济学》为典范。学术交流，在小范围之内，不必写书，这就是所谓"口述传统"，古希腊诸学派大多如此。文字传播成本逐渐下降，到了柏拉图的时代，写书的方式对古老的口述传统构成威胁。柏拉图反对文字，似乎文字是遮蔽真实记忆的药，文字不能取代情境却诱使读者相信它足可取代情境，于是，读者无法参透"颜子所好何学"（参阅我写的一篇短文"文字的代价"）。随着社会交往范围的迅速扩展，书本知识越来越成为人类知识的主要部分。不过，在凯恩斯的"小圈子"里，面对面的交往仍受到最高程度的重视（参阅《维特根斯坦传：天才之为责任》）。

文字确实是一种药，犹如今天的微信，或者说手机，让我们忘记关注面对面的交往，沉迷于无数陌生人举办的假面舞会。那么，知识呢？知识远离它由以发生的真实生活情境，在假面舞会里飘来飘去。知识不再有根。怀特海很早就有警觉，称之为"错置实境"谬误——因为他见到太多的年轻人真心相信他们说出或写出的一连串符号（语词）是涵盖着真实体验的。于是他们相信，只要大众媒体铺天盖地使用"市场"这一语词，大众体验的生活就已经是市场生活了。这样的错置实境谬误也在我和妻子的日常生活中发生，假如我们坐在一家雅致的餐馆里，假如菜单上的菜品名称足以唤醒我们的美食记忆，宁波汤圆、清蒸鲥鱼、港式片皮鸭……那么，真实体验往往令人失望。我们习惯于用语词代表我们的真实体验，我们几乎无暇检验或者很难检验这些语词是否早已脱离了最初的情境。

继续讲我们这一代人的经济学故事。我们出国留学的时候,国内的经济体制改革刚刚开始,包产到户在农村取得的巨大成功,使中国的政治领袖们获得勇气将这一方法("一包就灵")运用于城市。这一背景意味着,我们这一代留学生很少对市场经济有切身感受。当我们的西方老师在黑板上书写长篇数学符号时,与我们的同学——他们从小生活在市场社会里——完全不同,我们没有市场体验,于是我们能够研读的就是那些数学符号之间的逻辑关系,于是我们当中多数人其实努力要成为应用数学家而不是经济学家。

让我将上述情境所意味的东西充分展开。当我的那些来自发达市场国家的同学带着从小习得的市场生活习惯研读老师写在黑板上的数学公式时,他们头脑里发生的过程是这样的:首先,每一数学符号代表着它所涵盖的那些市场生活体验,关于这些体验,来自市场社会的学生和他们的老师大致相似。其次,这些数学符号经过不论何种复杂的逻辑演算之后,所得的结论——通常也是一组数学公式——所包含的每一数学符号依旧代表它所代表的那些体验。而学生与老师之间的课堂交流,旨在检验结论当中的每一数学符号代表的那些体验是否依旧符合他们的市场体验。但是这一过程并不发生于我和他们之间，因为我压根没有这样的市场体验。那么，我怎么保持名列前茅呢？仅仅因为我是数学系的毕业生，从而我可以在很短时间内完成同学们要用两小时才可完成的逻辑演算，并且我来自应试教育传统最深厚的社会，从而我懂得怎样获得最高的考试分数。我在三年之内完成了博士学位的课程和论文要求，但我不相信我那时是一名经济学家。

我知道许多和我一样的留学生，都只不过是应用数学家而不是经济学家。我们回到中国讲授经济学，而且因为是中国社会最优秀的一代人，我们掌握着经济学的话语权，我们成为大学校长、经济学院长和经济系主任，我们指导自己的博士生——像我们在西方体验过的那样，我们改造国内的学术期刊——让尽可能多的技术细节充斥着由我们审阅通过的论文。

技术，最初，它是一个希腊语词，意思是"机巧"，也就是关于偶然性的艺术。后来，它失去了自己的古典含义，逐渐成为人类控制世界的欲望之车，并因此而与权力结盟（参阅我的《新政治经济学讲义》第五章至第八章）。经济学家使用数学符号，原本是要尽可能减少文字的歧义性。没有免费的午餐，经济学家使用数学符号的代价,如凯恩斯在一封信里指出的那样:鲜活的观念因此而死去。因为,数理风格要求在一系列严格的假设下推演文字,从而不再有隐喻和联想,不再有古典文风的魅力,于是阅读也不再是富于创造的。对于一篇通过严格匿名评审程序发表在优秀学术期刊上的论文而言,大多数读者只能同意作者写出来的每一行结论,少数读者可能不同意作者的某些或全部假设,只有老练成熟的读者才可洞察因错误假设而导致结论所意味的体验与真实体验之间出现的本质差异。换句话说,数理符号是柏拉图描述的迷药,它使大多数读者和作者误以为符号涵盖了真实体验。哈佛大学老牌的中国问题专家帕金斯有一次为中国留美经济学会的学术期刊撰文,特别提醒中国经济学家不要像他们的西方老师那样,从书架上抽出一盘统计数据塞到电脑里运算得到结果,就相信自己解决的是中国问题。如此计算的结果,你怎么相信你解决的是中国的而不是德国的经济问题呢?事实上,目前发表的很多经济学文章,如果将文章里的"中国"改换为"印度"或"西班牙",完全不会对文章的结论产生影响。知识不再有根,知识不再能返回常识。事实上,不仅经济学,而且知识论和社会(制度)理论，都已随着技术进步而沦入"错置实境"的迷途。这是西方的命运，现在也是中国的命运。

不能返回常识的知识，当然不是真知。年轻人考入大学，学不到真知，不如不学。因为不是真知的知识犹如迷药，让年轻人相信他们使用的语词就涵盖着真实体验。柏拉图设想了这样一个实验，假如有一台体验机，它为你提供一切你能想象的体验。那么，柏拉图问：你愿意在这台体验机里生活一辈子吗？后来有一部好莱坞电影《楚门的世界》，就源自柏拉图的思想实验。"鸦片，体验机，你愿意在鸦片引发的幻觉中度过一生吗？"有一年，我在北京大学我的课堂里这样提问。当时，有足够多的同学回答：我愿意。

我这篇序言已相当冗长，应当在这里结束。人类幸福感的来源，我常说，有三个方面：物质生活的、社会生活的、精神生活的。在这三方面提供的幸福感当中，我的体验是：（1）来自精神生活的幸福感最为强烈且持久；（2）精神生活要求真知而不是幻觉。如果这一代年轻人仍难以认同我的体验，我寄希望于下一代年轻人。

汪丁丁
2014年2月1日

目录 Contents

1 　序言　经济、知识、制度

第一篇　中国经济的正常与非正常

3 　这是怎样的再分配
5 　增长—物价—财政—税收—腐败—政府低效率
13 　关于物价上涨的讨论
16 　春节期间火车票的定价问题
23 　2010年将为2009年埋单——丁丁报道血汗劳动制

第二篇　劳动、市场与法

35 　再论工会

- 41 不要人为扭曲"劳动–资本"比价
- 46 最低工资：教条与现实
- 51 我最近发表的关于劳动工资问题文章的三项根据
- 56 身份与幻觉
- 61 我们需要的是与市场经济相适应的劳动合同法
- 64 我为市场辩护：华生为劳动合同法的辩护有道理

79　第三篇　漫谈"两市"

- 81 用"脚"投票与"第五次浪潮"
- 93 被随机性愚弄的人们
- 101 关于金融衍生工具的疑问
- 109 股票市场及行为学
- 114 嵌入在转型期社会里的中国股票市场

- 119 大熊何时到
- 125 我关于中国房地产问题的初步看法
- 128 房地产市场可引入地价补偿拍卖机制
- 142 关于"房－地"整体拍卖机制的落实

第四篇 把脉中国经济问题

- 149 我对"郎咸平现象"的看法
- 153 湖畔居及相关经济学议题
- 158 最严重的威胁
- 162 我对温总理经济形势座谈会的批评
- 169 中国经济发展的正常与非正常阶段
- 175 制约中国经济长期发展的两大决定性因素
- 180 经济增长的重要因素

第五篇 市场为什么选择我们都不喜欢的结果

- 187 市场为什么选择我们都不喜欢的结果
- 192 再谈香港经济
- 197 求索金融街高收入的理由
- 210 经济学中的理论与现象
  ——评豪斯曼《经济学的哲学》
- 218 行为金融学——基于经济学视角和常识的一篇导言
- 230 三论市场经济的道德基础
- 255 我的遐想
- 260 我的困惑
- 270 走向"千年之变"

281 编后记　汪丁丁：找回灵魂的任务

▶第一篇
中国经济的正常与非正常

当前,中国的经济与社会发展正处于人口学家所谓"人口红利耗竭"的阶段,在正常的经济与社会发展阶段,这样迅速的供求关系变化及其变化方向的转变,被称为"发展的转折期"。中国的问题在于:首先,尚未确立与发展转折点相适应的制度;其次,尚未达成经济学的理论共识,以适应和指导这一转折期的政治经济政策。

这是怎样的再分配

全面膨胀的资产价格和不断攀升的物价，最沉重地打击了都市里最贫困的群体，但政府对此却未必关心。

近期股市和楼市的上涨势头表明，资产价格的全面膨胀已经难以避免了。但资产价格与消费者物价指数密切相关，因为资产投资通常被用来抵消物价上涨造成的个人可支配收入贬值的压力。换句话说，那些仍依靠银行储蓄的人，将日益感到物价上涨的压力，最终将不得不把存款转入股市、楼市或其他资产市场。

这是一场全面、持久、深刻的购买力再分配运动。它的特征是：购买力从最贫困的人群向那些有能力进行资产投资的人群转移。这一趋势，很可能将进一步恶化中国社会原本已经很糟糕的两极化过程，只不过，这一次是最富有的群体和中等收入群体的结盟，或者也可以说是"资产阶级"和"小资产阶级"的结盟。

看看银行存款利息吧，最高的不过年息3.5%，同时，三季度消费者物价指数大约是4%，也就是说，存款利息为负。但有存款的群体并不是都市里最贫困的群体。后者根本没有能力储蓄，他们的家庭月收入大约两千元，应付最基本的日常生活尚且不足。粗略观察表明，在这些家庭的月收入当中，大约50%用于房租，其余则艰难地用于粮食、菜蔬、蛋肉、交通以及子女可能享有的教育。

最近的价格攀升，最沉重地打击了这一群体。因为，CPI每增加一个百分点，房产价格将增加五个百分点。当房产价格急剧攀升时，房东们几乎总要在更新租约时改写租金条款。房租攀升的幅度，在各地有所不同，粗略的估计是每年20%。上列贫困群体在都市里的日常开销的其余部分，也正以显著速度攀升——学费、菜价和肉价的上涨速度，是大家有目共睹的。

与此同时，各地政府是否在帮助这些最贫困的都市群体呢？未必。细心的读者可以自己去观察政府行为，看看政府最关心的是哪些事情。

增长—物价—财政—税收—腐败—政府低效率

从教科书公式，我们知道，每年GDP增长率减去物价上涨率，是我们收入的真实购买力的增长率，例如，今天国家统计局报告的六月份GDP同比增长率，9.6%（这是所谓中国"奇迹"），物价水平的增长率，6.4%，两者相减，根据教科书的知识，我们的收入真实增长率是3.2%，与去年同期相比（这样的增长率应当不再是中国"奇迹"）。但是，教科书知识不是中国知识。对中国人而言，财政开支占了我们开支的重要部分，而且，或许因此（若腐败系数可以忽略的话），政府税收抵消了我们收入的重要部分。先谈教科书知识吧，税收，个税起征点并不随着物价水平增长率而增长。香港的政府，相比而言多么清廉呀，去年返还每位公民近万元财政节余，今年又推行政府税收与通胀指数的负相关政策。这就符合我们知道的政府行为的激励相容假设，如果政府财政推行了赤字政策，那么政府税收就要相应受到自己财政政策的惩罚。天下没有这样好的事情：你制造通胀，你不受惩罚。至少，事情不会永远这样美好。现在离开教科书知识，回到我们的中国知识。那就是关于政府开支，以往近十年，每年增长率至少两倍于GDP增长率的政府收入，都怎样消失了呢？或者，都消失在哪里了呢？我查阅国际研究文献，又对照本土经验，大致估计出中国GDP的腐败系数的最低水平是10%，上限可能很高，而且各时期不同，例如，可以是20%，或更高。就以下限10%计算，GDP是30万亿，所以，腐败金额的下限是每年3万亿，上限是6万亿或更高。这是平均而言，我们知道，政府招标的工程，腐败系数最高。以我周围的情况估计，腐败是这样发生的：首先，政府议决（不要问我怎样议决）应开始某工程项目，然后，招标完成，某公司中标。接着，该公司实施该项目并告诉政府应付款X元。最后，注意，魔鬼在这里，政府的付款支票可以是N倍的X元，并且由公司以某种形式返款（$N-1$）倍的X元，给谁？当然不是给政府。这样，最终的工程开支，是X元预算的N倍。这是很简单的两阶段博弈，如果投标公司预期可以有总共N倍的X元的开支，那么，开价再低也是合算的，于是预期自己有能力分享N倍X元总预算的公司当然有能力以最低价中标（假设招标过程完全符合程序）。对于各级人民代表大会而言，这是官僚政治的特征，项目预算通常要被突破，人民代表早已有这样的预期，若不如此，一定不是官僚政治。所以，被突破的预算，反映在财政开支方面，就是N倍的X元，而不是X元。政府的这一开支反映在GDP方面，就是GDP有了N倍的X元的增长，而不是X元的增长。但是，新增加的$(N-1)$倍的X元GDP增长，若导致通胀呢？当然要导致通胀，因为印钞机也是政府的，事实上，最新的钞票最初几乎总是通过那些中标的公司进入流通领域的。谁离印钞机最远，谁就要承受相比而言更大的通胀之苦。口口声声以民生为大事的政府，为何不学习香港政府将自己的财政税收反比联系于物价水平增长率呢？为何非要愚蠢地倒行逆施，发布各项行政命令试图阻止物价增长呢？香港的办法，我说过了，是激励相容的。如果一项政策，不仅不是激励相容的，而且是"正反馈"的，物价控制的权力越大，腐败系数就越高，从而由腐败而贡献的通胀率就越高，于是官僚化到已成脑残的经济管理者们就越有理由得到更大的控制物价的权力，……事实上，教科书所说的经济的"效率损失"，在许多国家，很可能就是这样发生的。结尾的时候，我还要补充一些个人见解：上述每年3.2%的真实收入增长率，到了我们自己手里，远比这一数目低。因为以往10年，真实可支配个人收入的增长率确实很低，如果不是负值的话。若非如此，我们反而要怀疑统计局造假了。因为如果财政收入已占GDP的1/3并以数倍于真实GDP增长率的速度增长，怎么可能还有个人可支配收入的增长呢？这是简单的算术问题，不赘述。我希望补充的另一见解是：我们所说的真实收入购买力，其实隐含地假设了可选购的商品的集合是全域的，即世界上全部的商品，通过自由贸易，都在我们购买力的购买范围之内。事实上，如果我们的人民币存款不能自由兑换并购买纽约市场的股票，或者，如果我们只能通过造假成性的进口商购买例如"达芬奇"家具，那么，通胀指数的统计是严重低估了的。诸如此类的见解，其实早在我们经济学家的常识之内，但通常我们经济学家似乎懒于向大众解释，我认为，现在的情况很严重，经济学家确实应担负向大众解释真相的任务，我向张维迎学习。感谢胡蛟来信指出开篇的疏忽：统计局公布的增长率原本是真实增长率。如此，则名义增长率高得难以置信。于是

检索英文评论,下面是一篇经济学评论的结尾部分:

China's GDP was said to grow 9.6 percent on-year in the first six months, slowing slightly in the second quarter. On-quarter growth was given at 2.2 percent, but it is difficult to see how this number was calculated. Imports suggest industrial sluggishness. Crude oil imports climbed 7 percent in the first half, compared to 30 percent in the first half of 2010. Copper imports plunged 25 percent.

Consumer prices ostensibly climbed 5.4 percent. The GDP deflator—using the arithmetic increase in GDP to measure inflation—was 8.7 percent. In the past 10 years, the GDP deflator has showed either larger or much larger amounts of inflation than official price indexes. Consumer inflation is generally understated because the index underweights housing. It was formerly complemented by a housing price index, but that was abandoned after it became obvious that results were being manufactured.

The key to sustained Chinese growth is raising the level of personal consumption. On the positive side, household income grew better than 13 percent, and retail sales—the benchmark consumption measure—were said to climb nearly 17 percent. Unfortunately, consumption was again easily outpaced by fixed investment growth of over 25 percent even while investment is much larger. Though consumption is rising, the structure of the economy appears increasingly unbalanced. This imbalance is ultimately unsustainable and has warped the global economy.

关键在第一段，这是著名的罗斯基拇指规则：判断中国经济增长率数据是否掺水，只要计算能源增长率，他据此相当大程度上向下修正了"朱-江"时期的增长数据。因为，中国经济对能源价格的需求弹性不会比完善的市场经济更高。所以，当能源增长率低于例如8%的时候，怎么会有GDP增长率高于例如16%呢？诸如此类的数据问题，我存疑待查。还有，网友留言追问这些估计是怎样计算的。我解释得比较详细，干脆也贴在这里：

很容易进行国际比较：你找到透明国际或反腐国际的腐败指数，查阅中国的排序，然后再收集一些与中国排序相当的其他国家的腐败资料，自己估算，例如拉美国家的腐败系数。最后，应用于中国。这套方法，是数据不详时的标准估算方法——不论是社会学还是经济学。此外，根据王晓鲁的灰色收入研究，2009年灰色收入可能高达9万亿。假设"灰色"与"腐败"可比，则这一收入约占GDP的30%，这与上述估算是殊途同归（一致的）吧。再从个案推测，一个铁道部长的私人集团，已涉及腐败资金2 000亿。每年我们有多少这样的腐败案，已曝光和更多没有曝光的？你自己推测吧。3万亿？这是下限，上限，若遵循王晓鲁灰色估算，应在9万亿的水平。即便如此，9万亿也不过养活了几十位铁道部长这样的腐败集团。以往双规的部级官员大约已接近这一数目了。况且，这是名义GDP的构成，若以今年上半年的统计为据，到年底中国的名义GDP可达40万亿元。腐败，其实贡献了相当大部分的通胀率。这才是中国特色，却很少人注意。我列举一位小包工头的故事，5万元的施工款，在支票上居然变成了50万元，其中只有5万元是真实GDP，其余的呢？当然是名义GDP当中的政府开支，也就是通胀因素。再具体一些吧，借助于米塞斯的同类描写，这45万元新增钞票是这样投放的：首先，小包工头从银行兑换那张50万元支票，将其中5万元用于发放自己工人的工资和他自己的利润（2万元）。其次，他将45万元赃款返还给那位官员，于是那位官员在他的党羽之间分配,这些新增加的钞票于是首先被这群腐败官员用于私人消费品的购买,但真实GDP并没有增加,所以,这些腐败官员的花销,挤占了一部分真实消费品,等价的表示就是消费品价格水平的上涨。最后,穷人,如果没有穷到连工资收入都没有,月底领取自己的工资,扣税之后,用于生活开支的时候,发现物价早已上升了,因为新钞票是最后流通到他们手里的。这样简单的道理,为什么只有奥地利学派的经济学家才当作常识呢?

关于物价上涨的讨论

请诸位先读我列出的五个关键词（流动性过剩、股票疯狂、人人高兴、没有免费午餐、必有人支付代价），很简单，然后再读下面的对话。"7777777"是股市参与者，并且喜读周易，这两方面的修养，或许让我们下面的对话能够发生。

"7777777"说：4月中，比较有趣的一个数据是国家统计局公布的3月CPI达到了3.3%。这个数据的大背景是：一年来，人民币相对于美元升值了3%以上。同时，在这一年中，政府一直在"宏观调控"，并且国际大宗商品的美元价格基本保持了稳定甚至下跌，环球来看，中国的3月CPI数据，也是全球主要经济体中最高的。这就很奇怪了。为什么作为一个制造业的出口大国，我们的政府一直在"宏观调控"，而CPI的数据反而不如不调控的西方消费国家？我有一个假设，也许正是政府的"宏观调控"导致了CPI的不断提高！为什么呢？因为我们政府调控的主要方法是红头文件！而调控的重点行业，则是国家垄断的基础原料行业，比如煤炭、水泥、钢铁，等等。而调控的办法也简单：保护大型垄断国有企业的利益，排除私人小企业的竞争。控制整个行业的产出。当需求随着GDP增长，而供应被限制的时候，价格自然提高，这些基础物资的价格上涨，自然又影响了统计局的CPI数据。也许下一步，政府又会因为CPI的数据太高而继续"宏观调控"！用行政手段干预市场的确是政府的权力，但是现在这个权力可能已经被既得利益的垄断集团控制，并为保护即得的垄断利益服务了。这一直是我国改革的一个主要问题：政府即是裁判；又是比赛参与者。这样的市场竞争游戏永远是不公平的。并且，依靠目前的既得利益的垄断集团来推动公平游戏的规则，似乎只能是痴人说梦。也许外资在推动市场自由化、公平竞争中，有一定的作用。但是当它们进入这些市场以后，它们也成了既得利益者，依旧会阻止新人的进入。如果垄断者利用规模优势提高了生产效率，的确对国家的整体资源利用是非常有利的，但是它付出的是社会公正的代价。在将来的某一天，这个账单一定是要付账的。

我的回应：难怪"7777777"有能力炒股票，头脑如此清醒！正是如此，在经济学家当中，多数人明白这一原理。所以，宏观调控，按照发改委这套方法，我们从一开始就都是反对的。反对的理由，如你所说，中国经济之所以保持低通胀高增长，就是因为民营经济保持着生命力。可是宏观调控伤害最烈者，就是民营经济，并且，民营经济受了调控惩罚的那些企业，其实是被地方政府"GDP"的要挟而不得不"扩张"。总之，贝克尔对张五常说的那句话：要中国经济持续增长，政府可千万别犯错误。然后是张五常的回答：可惜，政府经常犯错误。最后，你以为"流动性过剩"仅仅让炒股的人高兴？没有免费午餐。记住，没有免费的好处。所以，通货膨胀，基本消费品价格迅猛攀升，几乎是逻辑必然。否则，你说，怎样缓解流动性过剩？哪一个部门的抵抗力度都比老百姓的抵抗力度大得多，柿子拣软的捏，这是官僚治理的要素之一。通胀，谁抵抗？谁能抵抗？每年货币贬值9%，八年之后，现在的存款总额就会贬值一半。又省力气，又不担风险。官僚分子们何乐不为？

春节期间火车票的定价问题

我这篇文章发表在《财经》1月份，两会及敬琏先生的发言是在2月下旬。大众媒体将我的文章视为似乎是对敬琏发言的"反击"，有炒作之嫌，特此声明。

反正，这是一个引发争议的题目，我似乎从不参与这类争议，但这一次"边缘"选题实在没有比它更合适的。不论如何，还是有些新鲜之处的，就是马歇尔派生需求定律和经济政策的福利分析。当然，结论是"涨价更可能降低弱势群体的福利"——符合常识到了平庸的程度。就连这一结论，我推测，国内的经济学家80%不会同意。理由？①今天的教科书经济学，虽然有改善，但仍不提供社会学家视角下的福利分析；②福利经济学仍被当作"过时"的内容，排除在许多教科书经济学之外；③国内的经济学家相当多数，不喜欢或不习惯脱离教科书经济学的分析框架。

贴出之后，我读了最初的三项评论，其中有子俊的。我有些惊讶，难道我们的经济学系也不讲授教科书经济学吗？例如，弗里德曼的论证：最低工资倾向于降低劳工群体的福利。借用那里的论证，我所指的多数经济学家完全可以批评我的论证，因为，几乎平行地把弗里德曼的论证搬运到这里：火车票价格（工资）维持在低于（高于）市场均衡的水平将导致火车票购买者排队（失业）。类似的经济学论证还有至少一个：最高房租管制，倾向于降低无房者的福利。

严格地说，这里的论证需要"数据"支持。在没有相关数据的情况下，通常，经济学家可以根据常识推测"数据"（如果存在）的基本趋势。我问过许多春节"必须"回家的在北京工作的朋友们，得到的回答几无例外，都是"必须回家"，这一态度，我推测，对车票的价格非常不敏感。这是一项基本事实，如果它不成立，我的分析当然就不能成立。可是如果它成立，则分析所达到的结论就会平庸得可笑。所以，只能发表在博客日记里。只不过，当你读1月下旬这期《财经》"边缘"的"背景"材料时，你可能会理解为什么这样的结论对经济学家和财经刊物而言，是"反常"的。

最后一个理由：我刚从香港回来，染了一种奇怪的"感冒"，唯一症状是"喉咙剧痛"，痛到根本无法入睡。病程似乎符合感冒的"一星期"病程，无须治疗。但今天是第四天，所以，没有精力了。

春运期间火车票价格不应上调

这是一个老话题，经济学家，如果照搬教科书，直接就会告诉你：供给总量固定不变，需求曲线向右移动，所以，价格应当上调。

按照我的观察，"教科书经济分析"（接近于"套套逻辑"）有正确的部分，就是"供给总量不变"这一假设。春运期间虽有班次的增加，但相对于成倍增长的需求而言，不妨仍假设供给总量"不变"。这一分析的不正确或不准确的部分，至少有下列诸项：①没有考察"派生需求"的行为，②没有区分需求行为在春运期间与春运之外期间的重要差异，并且由于这一差异，③我们应采取虽然过时但此处仍适用的福利经济学视角，来评价春节期间火车票的官方价格上调的效果。最后，④忽略了春运期间客运服务的各种替代服务对不同群体的客运服务需求的替代效应的差异。

这里所谓"派生需求"，就是通常所称的"黄牛"，他们的行为特征有二：其一，购买的火车票数量远比普通需求者更多，因此他们的人数虽占比重很小，却可构成需求量的相当大的部分。其二，他们购买车票是为了以较高价格卖出车票，因此，他们的需求——马歇尔称为"派生需求"，当原生需求弹性很小时，可以容忍更大的票价上涨。在马歇尔提出的"派生需求"四定律当中，这一定律最适用于这里的情形。

我曾（在《财经》杂志）介绍过以邮票、次级市场内流通的股票、香港楼市与文物古董为"供给总量不变"的案例而发生的经济分析，但这些物品与春运期间的客运服务之间，有一种本质性的差异。前者是"耐用品"，后者是一次性"消费品"。派生需求者如果预期耐用品的价格将上涨，他们的理性行为可以是在价格尚未上涨之前"囤积"这类耐用品，以便在未来某一时期高价出售。不同于耐用品，一次性消费品不能被多次使用并且其使用价值不能被带到未来某一时期。因此，派生需求者能够预期的是，以购买"看涨期权"（calls）的方式，提前购买一次性消费品的出售权——在较低价格水平上，然后，在"交割期"内以较高价格转让这些一次性消费品，假设原生需求弹性很小。

其次，我们应考察需求行为在春运期间与春运之外期间的重要差异。事实上，需求群体的构成发生了极大改变。春节期间回家探亲的群体——设为"原生需求A",主要成分是进城务工的农民或从外地来的"白领族"——设为"群体A"。春节以外期间的需求群体——设为"原生需求B",主要成分是"出差族"——设为"群体B"。群体A与群体B当然有重合(交集非空),这里的分析也适用于"交集"内的成员,因为这些成员在春节期间和春节以外期间的行为发生了重要改变。群体A,与群体B相比而言,不仅春节期间必需回家,否则便"无家可归",而且其中的多数人,较少可能使用火车客运服务的替代服务——私人汽车、飞机、公路长途车、船舶运输。从而,原生需求A与原生需求B相比而言有下列两项重要差异:①前者价格弹性很小,后者价格弹性较大;②前者数量巨大,后者数量较小。

因此,如果把春节期间对客运服务的需求加以集结(即对应于每一可能价格的需求曲线A与B的相应数量之和),我们很可能发现,这一需求曲线的特征是:①弹性很小,②总量巨大。

以上分析意味着,春节期间对客运服务的需求的主体是群体A。如果客运服务的供给主体是"政府",那么,政府的春运期间火车票定价政策就应主要考虑价格上调给群体A带来的福利后果。

在我们把需求因素与供给因素结合起来考察春运期间火车票定价问题之前，还应解释为什么我们可以忽略警察努力程度的变动对春运期间客运服务的"派生需求"群体行为的影响。根据我的观察，警察的实际努力程度在春节期间，如果分摊到每一"黄牛"（假设已被"取缔"）身上，即使不是降低了，至少也不会有显著的增加。因此，对于"黄牛"们，只要被抓住的概率与预期利润之乘积大于车票期权（calls）投资的机会成本，就应当进入市场，由于这一概率不会在春节期间有显著增加并且由于预期利润将有显著增加，故投机行为是理性的。

假设黄牛们的努力因增加了的预期利润而增加，并且如上述，假设并无相应的风险增加和成本的增加。另一方面，假设春节期间群体A购买火车票的努力——排队的时间，随需求总量的增加而增加，又假设排队时间随需求总量的增加而延长，故诱致群体A内更多成员转而从黄牛们那里购买火车票。我推测，压制黄牛们的投机行为，似乎是官方客运票价在春运期间上调的主要理由。可是，这里的分析表明，这一理由很可能是基于一种错误的或被误导了的经济分析。

价格上调的另一后果,显著地超过了它对派生需求的影响,就是它对群体A的福利水平的影响。由于他们的需求缺乏弹性,由于他们不得不承受"黄牛"们转嫁的成本,由于他们原本不属于城市里的高收入阶层,这样,他们的福利水平将因春运期间火车票价格上调而降低。

基于上面的分析,我们赞同目前铁道部发布的"维持春运期间火车票价格不变"的政策。

2010年将为2009年埋单
——丁丁报道血汗劳动制①

赵晓:通胀经济学来临

在政府作为"超级公司"的行为加进去以后,会不断扩张货币、提供增长并且改变预期、透支未来。这才是今天全世界的真实图景,我把这个图景叫通胀经济学的来临,叫全球泡沫化生存!

2009,本来是中国经济最困难的一年,不料却成了中国最辉煌的一年。很少有人想到中国经济在2009年会有如此强劲的反弹和复苏,更没有人想到中国房地产市场会出现如此火爆的场面。

货币扩张让2009疯狂

2009年为什么会出现如此出乎人意料的情况呢?

---

① 对于政府,尤其是地方政府,主要因为干部任期制度而诱致的"卖地财政"等不负责任的行为,我一直没有看到批判得足够激烈但不至引发政治迫害的文章,本篇作者为赵晓,汪丁丁转帖。

第一,大家最难于预料的是政府推手的力量及其效应。我算了一下,2009年的财政赤字占GDP的比重接近3%;而在1998年,第一次扩大内需时这个比例大概是1%。这也就是说,今年财政刺激经济的力度大约相当于1998年的3倍。另外,今年①货币供应量的增长也绝对超出了人们的意料,M2接近30%的增长,M1超过了30%的增长幅度。我们知道正常的货币供应量的增长大体等于"GDP的增长幅度+CPI的增长幅度"。今年的经济增长大约是8.4%,CPI全年是负增长,那么货币供应量的增长本不应该超过10%,甚至不应该超过8%,但实际上货币供应量的增长是30%。这其中大概只有1/3的货币跑到了实体经济,表现为产出的增长,其他2/3增长的货币或者沉没,或者跑到楼市、股市等资产市场去了。

这种情况下,我们可以发现2009年市场超出了人们的预期,原因就在于现代经济的本质是货币经济,而政府作用下的货币潮涨潮落将引导整个经济以及市场的潮涨潮落。楼市疯狂的背后,是货币疯狂的扩张。

---

① 2009年。

2010经济会先抑后扬

度过了最为艰难的2009年,我们展望一下2010年。

我们首先有一个好消息就是国际经济将大幅回升,2010年相比2009年,增幅可能回升4个百分点以上。国际经济的回升将使得中国的外贸止跌上升,2009年是近20%的负增长,而2010年外贸可能会变成15%甚至17%的正增长。假如投资和消费增长与2009年相当,则2010年的中国经济应该朝着10%以上的区间走。

投资和消费的增长力度会不会下滑呢?最近中央经济工作会议传达的政策意图是,双宽松的政策明年还将继续。保持双宽松政策意味着2010年的财政赤字有可能比2009年还高,2010年的贷款虽然比2009年有所降低,但估计也会在7万亿元到9万亿元。这样,2010年的投资并不会有明显的放缓,预计投资增长在31%左右。

消费可能会有所降低,大概从今年15%的增长降到13%。另外,市场自身也将出现调整。因此,可以预期的是明年经济仍然会是增长的一年,但增长幅度会有些波动,可能会先抑后扬,不同地区和城市也会出现分化。

不会再有萧条经济学

针对今年以及明年这样突如其来的经济乐观向上的变化,我们如何用经济分析的框架来理解呢?

2008年诺贝尔经济学奖得主克鲁格曼曾经在1999年写过《萧条经济学的回归》,2008年时他又扩充再版了此书,这本书在市场上引起了巨大的反响。但现实中我看到的和他所说的完全相反——很少看到真正的萧条,却不断看到是通胀和泡沫。

萧条经济最可怕的是什么?就是人们会形成通缩预期,现金为王,不断杀跌。2009年人们谈论最多的是"地王",但2008年下半年后我们听到最多的一句话却是"现金为王"。开发商原来想的是土地变现金,但现在想的却是现金变土地。仅仅半年,通缩预期180度大转弯,变成了通胀预期,"现金为王"变成了"土地为王"。这里面的机理就是,没有人喜欢承受经济衰退的痛苦,即使有泡沫,大家也希望这个泡沫千万别破了,谁要动我的泡沫就是动我的奶酪。在古典经济时代,你不喜欢也没办法,萧条还是会来,奶酪经常会重新分配。但现在不同了,民意是最强大的压力,无论是奥巴马总统还是各国领导人,都要千方百计让人民满意。其中之一，当然就是要想办法消灭萧条。

而问题在于，政府在现代经济中其实变成了一个"超级公司"。从经济功能上讲，我们可以想象政府是一家专门生产并供应货币的公司，并且政府还可以直接进行投资从而供应增长。所有的经济学谈增长时，讲的都是市场主体提供的增长，然而在2009年中国经济增长中，政府至少贡献了一半。在经济运行中有了可以无限提供货币并且提供增长的政府，这是当初凯恩斯主义分析框架中完全没有的。

在政府作为"超级公司"的行为加进去以后，会不断扩张货币、提供增长并且改变预期、透支未来。这才是今天全世界的真实图景，我把这个图景叫通胀经济学的来临，叫全球泡沫化生存！所以，到现在，世界只有一门经济学，就是通胀经济学，而不会再有萧条经济学，因为经济运行已经改变，增长方式也已经改变，"超级公司"可以把萧条预期消灭掉，在通胀中等待下一轮危机。下一轮危机会不会来，什么时候来，会对世界经济有什么影响？让我们拭目以待吧！

我从一位网友那里转帖下面这张图（见图1-1），广州二手楼价格指数：

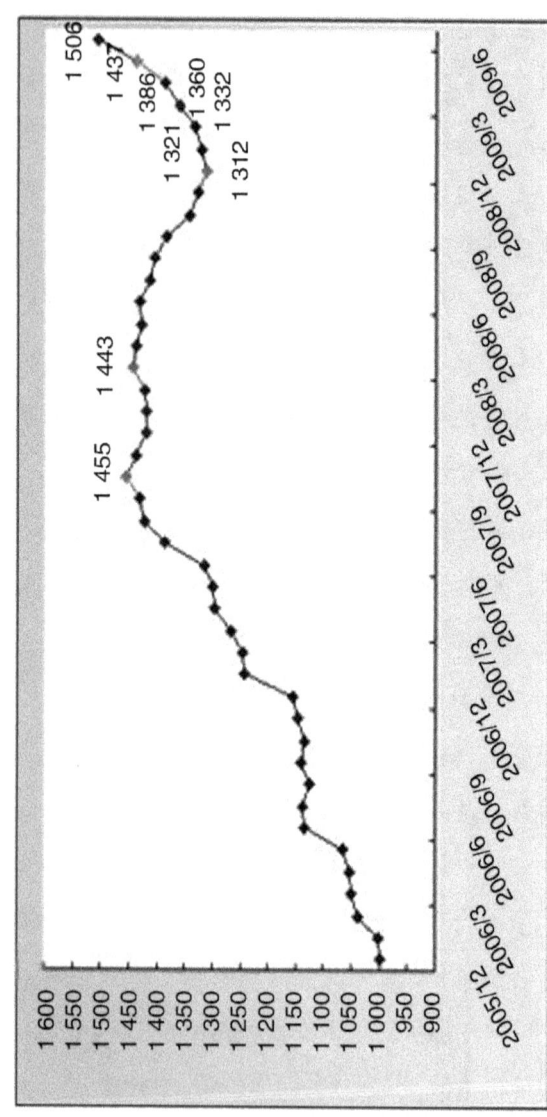

图 1-1　2005年12月—2009年6月广州二手楼价格指数走势

资料来源：满堂红（中国）置业有限公司。

很明显,这一指数的走势,将向上攀升而不是下跌,因为它已经突破了2007年12月至2008年5月间形成的双顶阻力线。对吗?凡熟悉股票市场的朋友,都会同意这一判断。那么,二手楼价格明年将以更高速率攀升?有哪些来自基本面的因素可能支持这一技术分析预测呢?赵晓的文章提供了来自货币发行量的支持数据。资产价格膨胀,我在批评国务院经济工作会议那篇文章里早已阐述过它的弊端。如果我们的公共政策或多或少以弱势群体为福利目标之一,我们能不批评这样的以足够高的概率损害弱势群体福利的公共政策吗?可是,我们有批评的权利吗?我们的听觉和视觉难道没有被如此泛滥的美丽谎言麻痹吗?官僚、官僚政治和迅速的官僚化,是我们社会最危险的毒瘤。

我必须说得更明白一些。根据统计和一些经济学家的推测,沿海地区GDP的增长,房地产的贡献不低于50%,只要政府官员的政绩主要是基于GDP的,他们就不会允许房地产陷入颓势,而他们能够利用的最便利的手段,一是增加用于地产开发项目的基础设施的公共开支(所谓"积极财政"),二是影响银行扩张信贷(所谓"适时退出"其实就是不退出)。据我观察,地方政府对银行信贷行为的影响事实上超过中央银行。

注意：首先，二手楼价格走势，与一手楼价密切相关。其次，房屋价格与房租密切相关。我更相信房屋价格与年租收益之比，在正常社会里，大约是25倍，但因社会文化而有差异。例如，日本较高，大约在40倍左右。可是，中国沿海城市的这一比例，现在大约是50倍或更高。不过，我提醒读者，这一情形未必说明房价偏高，因为，我最近连续发表了两篇文章，讨论中国的劳动工资问题，根据我在那里的论述，中国的劳动工资严重偏低，所以，劳动者能够支付的房租，也会偏低，导致上述的价格与租金比例偏高。正确的政策，不是控制房价而是鼓励劳动者自发组织起来要求增加工资。日本和韩国都经历了这样的劳资斗争，才真正从经济起飞转入成熟的市场经济。

从家到西湖，和出租车司机聊天，得知他妻子的工作情况：月薪2000元，在杭州北站（农民工最多的杭州火车站）附近的一家外资服装厂，关键是，每天必须工作14小时，自己带主食，厂里提供午饭的菜，就餐时间半小时，无假日。他说，这样的服装厂，在北站，外资的（也就是港台资本）有好几家，这一家的名称是"蓝孔雀"。我问他，这样的血汗工厂，在杭州地区是违反劳动法的。他说人人知道，但政府查不出来。据说，这些厂子"有靠山"。目前，他正设法让妻子辞工。我推测，这就是"非自愿就业"，很偶然地，这一次，旁观者可以确定她的就业，不是自愿的。新中国成立前这里有"包身工"，在我们党的资格最老的党员的文笔描写中，包身工确定地是一种非自愿就业。我的第二篇文章是12月28日在第一财经发表的，再谈劳动工资问题。我认为还应写第三篇，更具体地介绍现代工厂的血汗劳动制。

在路上，我大致想了经济学家可能的辩解，基于市场供求均衡的辩解，我不能同意。因为，首先，我说过，劳动力市场是否应视为"市场"，十分可疑，在中国尤其可疑。其次，即使我们有劳动力市场及这位出租车司机妻子目前自愿接受的劳动条件和工资，我仍不同意经济学辩解，因为，我在另一篇文章里介绍过，人口老龄化时期，年轻劳动力有较大的外部效应，这一外部效应的幅度，正比于经济增长率。这就意味着劳动力的市场定价，肯定低估了劳动力价值，从而诱致劳动资源的浪费。

▶ **第二篇**

劳动、市场与法

今天，中国人口正在迅速"老龄化"早已是无可回避的事实了，我们的经济学家和政府领导人却仍然不愿意尽快地把中国经济的增长方式从廉价劳动驱动转变为以教育和人力资本投入为主导的创新驱动。从大众媒体上，我们看到的，仍然是对从农村涌向城市的廉价劳力的乐观报道，是对外国政府抵制来自中国的劳动密集产品的不满情绪，是对劳动者自发要求增加工资的集体行动的漠视。

再论工会

多年以来,我和《财经》编辑部的朋友们始终提醒政策制定者们注意维护"劳动"的权益,因为只有"资本"的权益而无"劳动"的权益,结果很可能是把中国经济带入某一"低水平陷阱"。很遗憾,对这一重要的政治经济议题,多数经济学家只是保持沉默。即便在"阿罗-德布鲁"的一般均衡框架内,这一状况的好的与坏的可能性,也应是显然的。因为这一框架的前提是"完全私有制"——不仅要求资本的完整权利,而且要求劳动的完整权利。例如,要求诺齐克论证过的"每一个体对自身的完全所有权"。我在一篇"边缘"评论中已经描写了一种较坏的可能:假设发生了十分糟糕的"政治-资本"结盟,则被"无工会"的政治经济格局强行压低的工资,将使劳动者难以支付不断攀升的教育费用从而人力资本投资始终不足,后者导致劳动力始终停留在低人力资本含量的水平,故而始终生产国际竞争的低端产品,……中国经济将维持在这一循环之内。让我惊讶的是，有些只懂得漫骂的网友贴了一些假装维护执政党威严的无耻帖子，我删除了这些帖子，并且提醒这些人不要再胡闹。共产党既不需要他们这些愚蠢的言论也不需要他们这种卑鄙的奴才。可笑，可悲，可怜。

在2003年4月"边缘"栏目里，我批评了"两会"期间一份要求降低出租车司机工作时间的"提案"的起草者和媒体记者们对出租车司机组织他们自己工会的政治权益的忽视。最近十年，对中国市场经济的"确当性"（legitimacy）论证具有极端重要意义的这一"工会"议题，在市场社会实践中反复被提上日程却反复地被"忽略"。

今天，理论经济学把"市场"简约为纳什谈判过程，这里，最简单的情况是"二人讨价还价"的市场过程。纳什在1953年把这一过程进一步扩展为社会成员之间建立合作关系的博弈过程[①]。沿着纳什的思路，经济学家们已经开始建立旨在解释和分析人类合作秩序的扩展过程的新政治经济学说。

纳什证明的两方谈判的均衡是否有利于谈判的任何

---

① Nash, "two-person cooperative games", Econometrica, vol. 21, pp.128–140。

一方，在海萨尼1956年的清晰解释之后，我们知道，取决于：①谈判双方在谈判破裂时可采取的"威胁"手段的可信度及这些威胁给对方带来的损失。可信的威胁带给对方的损失越大，对方就越可能让步；②谈判双方各自的风险态度。如果你已经被逼迫到类似于"无产者在这场斗争中所失去的只是锁链"的生存处境，你的风险态度就会从"风险规避"转向"风险承担"，从而你的谈判对手更可能对你的要求让步[①]。

如果劳动者的宪法权利得到充分保护，那么，在自由签约制度下形成的任何劳动契约，都可以是有效率的。问题恰好在于，劳动者的权利没有得到充分保护，例如，当他们没有自由联合的权利时，纳什的理论告诉我们，在劳动与资本之间很可能形成违背帕累托原则的契约。换句话说，不仅由契约所带来的分工与"合作"的好处全部归资本所有，而且劳动的福利水平因此而降低。

经济学家或许会怀疑：难道有谁愿意签订降低自己福利水平的契约吗？是的，如果我们静态地分析问题，确实不可能出现签订损害自己福利的契约。可是，现实

---

① 参阅Harsanyi, "approaches to the bargaining problem before and after the theory of games" Econometrica, vol. 24, pp.144–157。

是动态的，不是静态的。例如，你可能突然患病并因此而负债累累，然后呢？你将"自愿"签订一份比你患病以前苛刻得多的劳动契约，因为你讨价还价的能力远比以前降低了——你威胁对方的手段更少了，你的风险态度更保守了，对方威胁你的手段更强硬了。

自愿？当然，就连自杀，也肯定是自愿的。在我们每一个人走向死亡的路途上，任何一个静止的时刻，我们的行为都是我们的自由意志在那一时刻的特定约束条件下自愿选择的结果。我劝告我的经济学家朋友们，不要侈谈根本不存在于我们社会的宪法现实中的经济学的"自愿"原则。如果北京的一位出租车司机，在患有重病的情况下仍然坚持出车，显然，他的"自愿"行为更应当被看作"在约束条件下"的迫不得已的行为。那么，我们应当调查的，是这些可怕的约束条件，是它们——例如，约束效力犹如"铁板租"的每月的"份钱"，把中华人民共和国的堂堂正正的劳动者们的行为，改造成了恩格斯在《英国工人阶级状况》中所描述的那些"女工"和"童工"的同样出于自愿的行为。

如果上面阐述的道理能够被接受，那么，我们还有资格宣称我们的经济发展是帕累托改善吗？还有资格宣称我们的效率是帕累托效率吗？可是，当财富总量沿着"非帕累托"效率的方向增加时，我们这些经济学家难道还可以继续回避社会正义问题吗？或者，请问，哪一位懂得并思考过经济学原理的经济学家认为他可能提供给我们一个新的不满足帕累托条件的"效率"定义呢？

够了，这些荒唐而苍白的经济学文字游戏。既然市场经济的真谛在于自由缔约，那么就应当让我们自由组织工会。既然这项权利被剥夺了，那就不要再谈论什么"经济效率"！

不仅针对沃尔玛，而且针对一切大企业的太强的谈判权力，为了纠正纳什谈判中早已被社会现实严重扭曲了的"威胁"手段的集合，政府应当允许并在必要时全力支持劳动者组织独立于政府和资本利益的工会和农会。

最后，尽管我不太相信比较优势理论，但不妨也借用一下。根据这一经典的经济学理论，既然中国社会已经进入人口老龄化阶段，它就应当从劳动密集型的发展阶段尽早进入知识密集型的发展阶段。后者要求高得多的劳动力价格，从而诱致企业尽早放弃劳动密集型的技术。须知，在老龄化社会里维持廉价劳动的社会经济政策，无疑是在浪费人力资源，最终把中国社会带进"低收入水平"的陷阱里。所以,即使是静态的经济效率理论,也倾向于支持劳动者自由组织工会和农会。

不要人为扭曲"劳动－资本"比价

许多年以前，在《各国竞争优势》里，波特尔警告过发展中国家经济政策的制定者：不要对廉价的本土资源抱有幻想，因为"要素驱动型发展阶段"很快就会消失，自然资源的优势，通常是转瞬即逝的。负责任的经济政策，应当鼓励本土经济尽快从要素驱动阶段进入到"资本驱动"和"创新驱动"的发展阶段。

今天，中国人口正在迅速"老龄化"早已是无可回避的事实了，我们的经济学家和政府领导人却仍然不愿意听取波特尔多年前的警告，不愿意尽快地把中国经济的增长方式从廉价劳动驱动转变为以教育和人力资本投入为主导的创新驱动。从大众媒体上，我们看到的，仍然是对从农村涌向城市的廉价劳力的乐观报道，是对外国政府抵制来自中国的劳动密集产品的不满情绪，是对劳动者自发要求增加工资的集体行动的漠视。

从"老板"的立场看工资问题，如这里报道的，以工人总数5 000人计算，每人每月增加微不足道的100元工资，就相当于每年从企业利润中减去600万元。事实上，许多浙江民营企业的老板都表示过，他们的企业无法忍受劳动者工资的任何轻微上涨。仅此一视角，已经充分反映了目前经济增长的极端脆弱的性质。

冷静的分析，永远比任何调动了国民情绪的狂热鼓噪都更有价值。改革开放以来，教育和医疗这两大部门的绩效的和制度的失败，正把严重后果带到其余各部门里面来，概括地说，就是人力资本投资和积累的严重不足。这一严重缺失迟早将导致经济发展的所谓"人力资本瓶颈"——该瓶颈曾经阻碍了世界上其他发展中国家的经济发展，或许，韩国是唯一的例外。

我们应当看看身边发生了什么：今天，我们随意走进杭州武林路一家服装店里，买一件中国制造的"名牌"女上衣，价格适当，但肯定不廉价，例如，80元。与去年或前年同期比较，不难发现，这件上衣的内侧多了不少"线头"，店家觉得顾客可以自己剪掉，可是顾客觉得既然是"名牌"，就应当制作精细。同样的细节问题，在上海襄阳路的"秀水街"，我们看到得更多也更严重。例如，经过讨价还价，以每件50元买来两件"Tommy Hilfigure"套头衫，你会发现，它们不仅不是纯棉的，而且长度比标签上写的短了大约一寸。

　　以上观察说明了什么问题？首先，在我们身边，同期可比的劳动密集型商品的价格，显然有大幅上涨。其次，这些商品的质量，典型如食品和服装，似乎呈下降趋势。这说明用以生产这些商品的劳动要素，缺乏足够的人力资本含量。当然，众所周知，以单位人口大学毕业生或单位人口工程师等统计指标衡量，中国经济的人力资本密度是逐年增加的。可是，如卡尔多在半个世纪前指出的，所谓"技术进步"，真实地说就是千百万劳动者在他们各自的生产环节上从事的每日每时的质量改善。

　　千百万劳动者在各自的生产环节上时刻改善着产品质量？谈何容易！一家据说掌握了世界市场70%订单的制造充电电池的民营企业，引为自豪的技术特征是什么呢？是它把日本人的自动化流水线按照分工的细节划分为可以由数百名排列成流水线的劳动者完成的作业程序。若干年前，这家企业雇用大批廉价劳动要素，可以从日本企业手中抢到大批订单，今天，它当然难以承受哪怕每位工人每月增加100元工资的要求。可是，劳动者是能动的，在低工资条件下，他们可以降低劳动努力的投入水平。教科书经济学里所谓"真实劳动"的投入不足，在真实世界里对应于下列两类现象：①资本要素的闲置水平上升，表现为生产能力利用不充分，虽然表面上看，机器仍在运转；②产品的质的下降，或质量改善缓慢。虽然从表面看，同类产品的数量是增长的。

在上列两类短期后果之外，还有一类长期后果，更为严重，那就是人力资本增长速度将被过低的工资水平所压抑。教育（正规学校的和在职培训的）、医疗，这两种服务的质量，由于其涉及的知识的性质，是难以在短期内得到提升的。所以，市场经济遇到人力资本瓶颈，短期内唯一的适应方式就是人力资本价格迅速上涨，给产业升级带来极大的困难。

事实上，我国目前的经济政策及各地政府以"招商引资"为宗旨的社会发展政策已经相当严重地压低了劳动和土地这两类要素的价格。在这一点上，我承认，教科书经济学是正确的：要素价格的扭曲，通常是由政府行为造成的。比上述各类后果更为严重的是，我们各级政府的行为，由于普遍实行的"任期制"，由于市场经济的道德基础缺失，还由于无药可救的腐败，正在越来越"短期化"。以这种短期化的政府行为，欲纠正阻碍中国经济长期发展的要素价格的扭曲，实在是一件希望渺茫的事情。

　　作为这番感慨的结语，我想提醒我们的经济学家，真正自由的市场经济，从来都允许劳动者自发组织起来争取经济权益，故而从来都允许工资水平随经济增长而增长。劳动价格和土地价格，早就应当上涨却被维持在低水平上，由此而生的一系列后果，当然不能算作市场机制的过错，政府失灵，唯此已矣。

最低工资：教条与现实

探讨中国的问题——包括经济问题，最不可忽视的，就是那些在具体社会中使课本上的教条得以成立或失效的前提和实施条件。

在自由市场条件下，如果政府实施"最低工资"法规，绝大多数经济学家都会引用芝加哥学派的看法：失业率与最低工资水平（及其实施强度）之间，很可能保持显著的正比关系。

类似地，实施"房租上限"规定，很可能导致更多租客流离失所。一般而言，实施任何形式的"价格上限"规定，可能导致短缺和排队。这是教科书经济学，所谓经济学的"教条"。

凡教条都重要，否则不会被奉为"经文"。在现实世界里运用教条，则必须仔细审核其前提和实施条件。

例如，规定价格上限会导致短缺和排队，这一命题之所以成立，因为私有产权是受到保护的。否则，短缺可以导致抢劫而不必导致排队。

探讨中国的问题——包括经济问题，最不可忽视的，就是那些在具体社会中使课本上的教条得以成立或失效的前提和实施条件。例如，在目前这一转型期社会，劳动要素的所有者和资本要素的所有者，都未享有足以与西方成熟市场社会相提并论的"神圣不可侵犯的私有产权"——我们没有弱势群体的舆论优势，没有中产阶级的社区和政治，没有广泛的法治意识和有效的立法机构。由于未来的极端不确定性，我们甚至没有"恒心"和"恒产"；也因此，中国只有完全符合经济学理性假设的"短期行为"，却并不存在基于长期理性假设的成熟要素市场。教科书经济学关于"最低工资"的教条，适用于成熟的要素市场，却很可能不适用于不成熟的要素市场。

此外，我们必须考虑中国社会文化的特殊性。例如，梁漱溟曾仔细论证过，中国文化的核心特质，是在外来文化不断冲击下仍能延续两千年而未有根本改变的"家族观念"。基于顽固不化的家族观念，人力资本投资，在中国社会——过去和现在，主要是以"父母－子女"利他主义和"家族互助"的形式实现的。

分析人力资本、家庭观念、最低工资三者间关系，我们还应考虑中国转型期社会的教育和医疗体制的特殊性。

作为人力资本的两种基本投资过程，教育和医疗，在目前阶段，仍主要是"国营的"而非"私营的"；另一方面，国营组织的行为模式已经发生了本质性的变化，从非盈利的组织蜕变为旨在使"可分享利益"最大化的组织——颇像长期员工的集体所有制。这一点，可能导致了中国经济的奇迹，也可能仅仅是中国经济令人惊讶的特征。

无论如何，这些追求组织内部的长期员工可分享利益的教育与医疗组织，并不像西方成熟市场社会里的教育与医疗组织那样，足够敏感地对市场需求作出响应。事实上，中国的教育和医疗组织享有强大的院外活动优势和基于这一优势的垄断地位，故而具有垄断者的一切重要的"恶"——足以遮蔽这一垄断的"善"的初衷。

极不完善的要素市场和极不确定的私有产权，诱致人力资本的投资者如传统社会那样把投资局限于家族内部——长期而言，在统计意义上，家族内部的社会关系往往比家族外部的社会关系更可靠。所以，父母对子女的人力资本投资，或许是劳动力知识含量的基本增长方式。

另一方面，家族内部投资的基本回报方式，是子女对父母的赡养照料。这一基本的循环，由于顽固的文化理由，不会因教育费用与医疗费用的迅速攀升而中断。

但教育与医疗费用的攀升，与劳动报酬增长速度的停滞，二者联合作用，很可能导致人力资本在权势家族和弱势家族的两极化积累过程。那些积累了足够人力资本的社会成员，和那些尚未积累足够人力资本的社会成员，他们之间关于劳动与资本要素的讨价还价过程，于是日益依赖于双方已经积累的人力资本存量。

上述的两极化过程一旦发生，事情就很可能按照马克思和马克思主义的分析学派代表人物罗默尔所论述的方式演变——有产者（有人力资本者）对无产者（无人力资本者）的剥削将愈演愈烈，直至这一内部冲突将它由以存在的制度炸毁为止。

我们很容易在贝克尔（发表于《政治经济评论》1990年专号）的人力资本积累和经济发展模型中引入上述的两极化过程，并以马克思的方式称之为"经典过程"。那篇关于"新发展经济学"的著名论文，对当代中国最具意义的，是贝克尔关于"多均衡状态"与"低水平陷阱"的论述。

根据这一带有两极化人力资本积累过程的贝克尔的新经济发展模型，实施"最低工资"法规的积极意义在于，它可能迫使中国社会跳出"经典过程"，使弱势群体获得更多资源用于子女的人力资本投资，从而改善中国社会的"纵向流动性"，后者将在弱势家族内诱致更高的人力资本投资水平。这样，就可能发生"非经典过程"——跳出低水平陷阱之后趋向于高水平均衡的过程。

我最近发表的关于劳动工资问题文章的三项根据

我引下面的文字转自2009年7月23日我对温总理经济工作座谈会的批评的结尾部分,是要说明我关于劳动工资问题的看法有充分的经济学根据,我在三篇连续发表的文章里讨论了我的三项根据。简单地说,这些根据:①来自科斯定理的制度经济学解释,②来自人口经济学关于"人口红利"的效率原则,③来自中国现实社会家庭收入和支出结构的经验判断和分析。

再写一句,读了纪要之后,第一印象是:在座谈会上发言的人似乎没有多少进步,除了温总理,他正在迅速进步——在道德劝说之外的经济学方面。散步时有感觉,觉得最后一句应更坦诚一些:虽然迅速进步,却未必在正确方向上!

在中国,根据我的观察,按照家庭"预期收入"从最高到最低排序,例如,我们的排序只有三类:最高收入、中等收入、最低收入,那么,家庭收入和家庭财富的配置很可能是这样的：中等收入的家庭，希望最长期的生活有所保障（记住，在目前，这些最长期的保障恰好完全或几乎不存在），故而积极地储蓄并表现出"选择性贫困"的开支方式。最高收入的家庭，就我所知，他们最希望获得的财富保障原本不在国内，购置海外房产、子女出国留学、外币存款、最终定居国外。最低收入的家庭，约占家庭总数的60%，艰难地维持着日常生活，故而不能考虑未来生活保障，只能将"未来的"交给"未来"。理论上说，这些家庭没有"财富"，只有"收入"。当收入增加时，家庭开支便随之增加从而永远不能有所储蓄。我注意到温总理在座谈会开场时的发言，所谓"内需"扩张能够产生的宏观经济效果，其实主要是指最低收入家庭的开支扩张。所以，问题的关键不在于花多少钱而在于怎样迅速增加最低收入家庭的平均收入直到这些家庭开始储蓄为止。怎样做到这一点呢？许多经济学家都赞成这样一种办法，我们称之为"直升机播撒钞票"。这是因为，要分辨哪些家庭是最低收入的家庭，其实特别艰难。与其让政府部门首先消耗扶贫经费的80%以上，为了找到那些需要"扶贫"经费的人，不如干脆用直升机播撒扶贫经费。按照上述的估计,这一方法,将7万亿元钞票在某一天半夜"突然"(从而不增加人口生育)根据人口统计资料发放给全国人民,中间环节消耗约5 000亿,则每人可得5 000元,其中约60%的家庭,将这笔突然增加的收入用于补贴日常开支,在半年内消费完毕,则宏观而言,我们将看到大约4万亿新增的消费(不考虑乘数效应)。这样的效果,似乎比目前政府通过它的庞大官僚部门能够实现的效果要好许多呢!而且,它有一个最吸引人的优点,那就是"平等"(就防止发生新的不平等而言)。至少,在中等收入和最低收入的人群看来是这样的。假若不如此呢?那么,我们知道,鸦片战争以来,无数志士仁人试图做到的,无非是改造我们的社会,向着"更好的方向"。飞机播撒钞票,肤浅的办法!可是,改造我们的社会?你知道怎样做吗?至少,我不知道。所以,我打算在今年秋季的"新政治经济学"研究班,讨论这类问题。例如,社会改造,向着更好而非更坏的方向,首要的原理,不是寻求一套解决现存问题的良方而是寻求一套社会构成原则,这套原则的目标不在于解决社会问题而在于选择具有向着更好而非更坏方向去解决社会问题的人的机制。也即,选择精英的机制,远比解决问题的精英更重要。因为，社会问题永远存在，而且永远变化，从而不可能存在一套良方可以一劳永逸地进入美好社会。免除空想主义，最重要的途径就是寻求一种方案，在这种方案中可以不断寻求改造社会的更好的方案。这一方案是什么？我不知道，不过，人的因素肯定第一。参阅我写的其他文章吧，例如，《什么是"精英意识"》。

上面的文字，我发现不如这篇批评文章里的这一段过瘾：

……假如，普通劳动者的工资并未增加（记住，我们这里没有劳动者的联合组织可以展开罢工和工资谈判），假如失业率居高不下（记住，我们的"产业后备军"里有足够多的"农民工"和"下岗人员"），假如信贷扩张带来的个人收入集中在银行业（2008年这一行业的平均收入高达30万元）或金融业（2008年这一行业的平均收入高达16万元）或煤电水气交通邮电这类垄断行业（2008年这些行业的平均收入高达8万元，相当于大学教授的平均收入），假如这些迅速增加的个人收入完全不用于个人消费品的购买（因为他们的生活早已太奢侈，压根儿不会购买国内消费品），那么，除了豪华餐馆的营业额迅速上升，我们不会观察到物价的普遍上升。不论如何，由谁来花钱，是比花多少钱更重要的问题。可是为什么我们的经济学家仅仅讨论花多少钱而不讨论由谁花钱的这一远为深刻的制度经济学问题呢？

这两天见到老友姚先国，谈起劳动工资问题，所见略同，而政策建议竟然一样。不过，他是实践派，在抽象原则之外还有具体办法。例如，转述一则：由各地政府建立"农民工劳动工资基金"，专以应付资方克扣工资问题。每一企业雇用员工时，必须将劳动合同和当年预期支付的工资报备这一基金。此后，若年底有拖欠工资的举报，查实后，一律由政府的这一基金补足查缺的工资，然后，基金将案件移交政府，由当地政府向拖欠工资的企业追缴并实施惩罚。这叫作，用老姚的话：将弱势群体的谈判能力转换为政府谈判能力。

2010年1月初，这是网友的博客：

因不满公司在"企业职工不得退保"新政前一天才发通知，导致工人不能退保，1月5日6时30分许，位于广东省佛山市南海狮山官窑的佛山市南海美泰精密压铸有限公司千余名工人，堵塞公司大门抗议，被特警暴力驱散。现场"管理"严格，在警方的警告下只能盲拍。

身份与幻觉

转型期社会要求政府职能不断地转型，于是要求执政党不断地调整自己的身份与身份感，恰如一个人，在不同的社会场合扮演不同角色时需要不断地调整自己的身份与身份感。倘若一个人发生了心理障碍，在他扮演新角色并由此获得新的身份之后，他的心理状态却不断返回到旧的身份感之中——这一错置的身份感被称为"幻觉"，那么，我们说他患了人格分裂症——也称为"多重人格"。类似地，倘若一个执政党患了多重人格症，那么，我们说它的主导思想和施政纲领是分裂的。

大约十年前，我们引述过恩格斯为马克思《资本论》第一卷撰写的书评。恩格斯指出："资本和劳动的关系，是我们全部现代社会体系所围绕旋转的轴心。"换句话说，只要一个社会的生产方式仍以"资本"为主要特征，社会的全部体系就仍难以摆脱恩格斯所说的"资本和劳动"轴心关系，不论我们的政府怎样努力要摆脱这一关系。这里，最重要的是避免陷入身份幻觉。

全国总工会2005年对10省20市万名职工的调查报告显示，与上一次调查所得数据相比，劳动的收入与资本的收入相比，不仅处于相对贫困化过程中，而且处于绝对贫困化过程中。前者意味着劳动总收入占国民收入总值的份额呈下降趋势，后者意味着生活于贫困水平以下的劳动者的数量占贫困人口总数的比例呈上升趋势。假如我们不仅关注统计数据而且关注劳动力所有者和资产所有者在以往三十年内各自获得的幸福感，那么，统计意义上劳动者相对贫困化将使劳动者因绝对贫困化所减少的幸福感进一步减少。

归根结底，难道经济发展的目的不是要让更多的社会成员感受到更多的幸福吗？难道任何试图维持自己的道德合法性的政府还可能为自己规定其他的什么职能吗？

实证地看，我们可将过去三十年的改革与发展划分为两个时期。在1977年至1994年期间，我们的政府和我们的执政党在很大程度上仍保持着它以往的身份和身份感，尽管政府职能在那一期间正经历着关键性的转型。在1995年至2007年期间，政府和执政党在我们所处的真实世界里的真实身份已经发生了本质性的转化，可是我们并没有看到与此相应的身份感的转化。

分别与上述两个时期相对应的,是经济学家们所说的"工资侵蚀利润"与"利润侵蚀工资"。这两种统计显著的经济现象都不是稳态市场社会的正常现象,它们反映了转型期中国社会的政治经济特征,虽然中国的经济学家尚未提出与这一特征相应的转型期中国社会的政治经济学解释。

不过,那些仅仅满足于寻求经济学解释的经济学家们,也可以很容易地看到上述现象所反映的政治经济学问题。因为,让我们将工业部门想象为一家企业,根据教科书经济学,我们知道,当一家企业同时占据了产品市场和要素市场的垄断地位时,那么,"假设其他条件不变",与一家处于充分竞争的市场之内的企业相比,这家企业将获得最高的利润。

在教科书经济学里,"假设其他条件不变"往往掩盖着最重要的现实因素。例如,当中国企业表现出"工资侵蚀利润"这一趋势时,一方面,企业的主导者仍是政府,另一方面,政府的身份和身份感还没有发生本质性的转化,它仍自认是代表劳动者利益的。当中国企业表现出"利润侵蚀工资"这一趋势时,一方面,企业早已摆脱了政府的主导,从而政府的身份早已发生了本质性的转化——从经济游戏的参与者转化为经济游戏的旁观者，另一方面，政府却仍自认是代表劳动者利益的，并且在这一身份幻觉的主导下，它不愿将劳动者利益的代表身份让渡出去，例如，让渡给工会、农会或其他政党，它甚至不喜欢任何来自政府之外和执政党之外的批评，因为它们没有"资格"代表劳动者的利益——难道梁漱溟有资格批评毛泽东忽略了农民利益吗？

以这样的身份和这样的身份幻觉，怎么可能不发生经济政策（例如近年来的"宏观调控"政策）和经济立法（例如最近发布的《劳动合同法》）的人格分裂症呢？在这样严重的人格分裂症的影响下，我们的经济怎么可能顺利发展呢？事实上，在中国社会的目前发展阶段，政府和它的执政党应当清醒地知道，它不应继续代表劳动者的利益，正如它不应代表资产者的利益一样。你要搞"市场经济"吗？那就必须放弃你的身份幻觉，否则你的市场经济会走向混乱和失败。

放弃身份幻觉，于是意味着允许劳动的利益有独立于政府的政治代言人，否则就会有"利润侵蚀工资"。其实，利润之所以获得了侵蚀工资的权力，无非因为资本的利益获得了远比劳动的利益更强大的政治话语权。

政府可以通过不同方式让劳动的利益获得独立于政府的政治话语权。例如，通过"党政分离"——假如我们的党坚持要代表劳动的利益的话，或通过"自由工会"——假如我们的党愿意适应它已经改变了的身份，或通过允许民主党派有与执政党相互竞争的政治权利——假如这是更符合中国社会及文化传统的未来发展方向的。

总之，问题发生了，而且问题必须解决。

我们需要的是与市场经济相适应的劳动合同法

对于我在上一篇博客开始的那段文字（《身份与幻觉》），网友"无计"的批评是这样的：

"劳动关系"在我浅短的历史记忆中，简直是国人的命运"触发器"或曰"转向系统"。在它的"下拉菜单里"，仿佛挤满宿命般的人生。"无固定期合同"成为很多人"求田问舍之后、做迟暮之经营之时"所能期待的"最后的晚餐"了。假使人生可以这样简化，作为一个普通劳动者（遵纪守法、有职业道德），我不仅期待这样的安排并且拥护它的侍者。再者，通过个人的安全稳定来促成整体的稳定，为什么不呢？我能得到这样的"完美结局"么？如果用数学语言来描述（但愿我学过），无论是《劳动法》还是《劳动合同法》中，"无固定期限合同"能够实现的"充分必要条件"是：用人单位与劳动者协商一致。（这一点并无改变）新法中在此重复并增添的，是劳动者能够参与协商的条件，如：满

10年、连续2个固定期合同等。然而当我攒够了条件，具备了协商资格，支持我的仅是"应当"二字：应当签订无固定期合同。那么至此，如果我的解读没有错误的话，我很惭愧，根据现实样本，我几乎不认为自己可以获得"协商一致"。那简直要靠华盖运了。我惭愧的另一个原因是，在这一意在追求双方公平和保护原则的条款中，我在关键时刻似乎被先天地做了"不忠与不行"的推定——是我亏欠单位的，所以不。这真不舒服。其实又有几人不能接受因经营或改制或其他不可抗力（腐败造成的不算啊）而造成的"合同终止"呢？大家要求的无非是一企业、一老板应尽的"信托责任"（民间叫天地良心）罢了。另：恕我无知，不知道书中有无这一责任？呵呵。丁丁老师的"身份"说，我感觉应该是和我们国家的改革目标相一致的。外国经验我不知道，在我们国家现阶段，当老板、包工头们靠不住时，老百姓第一个想到的就是依靠党和政府。我想"有计划的市场经济"是否包含了对"代表劳动者利益的政府"这一身份的认可和支持呢？也许我完全没有读懂您的文章，但却模糊着一个"学术正确""政治正确"的印象，都正确。我觉得新劳动合同法还是多少给想签订无固定期合同的普通劳动者提供了一些能够发自舆论和道义上的支持挤出了一点机会。当然,我这想法是来自有限的"智慧"并附在温暖的梦上。看实施结果吧。

我的回应是:公共选择理论可以回答你的批评,答案应当通过这样的程序凸显出来:①全体公民发表自己的意见并由充分发表意见而呈现自己的价值排序,②假如在劳动合同法制定之前,公民们普遍希望返回计划经济时代,那么,目前发布的劳动合同法是一种合适的选择,③假如公民们普遍希望有工作自由和转换工作的自由,并且希望有市场经济能够带来的其他自由,并且普遍地,他们愿意为了这些权利而放弃返回计划经济时代的愿望,那么,目前发布的劳动合同法不是一种合适的选择。

我为市场辩护：
华生为劳动合同法的辩护有道理

转帖华生的辩护，有一些道理。我写过许多文章批评这部法律，现在还要解释。真可怜呀，有些网友义愤填膺要为工人们说话，可他们压根不知道这部法律长期而言会多么损害劳工的利益呢。哪怕稍许知道一些经济学，也不至于如此以自己的无知当作根据吧？这部法律的要害是它实际上（假如严格执行的话）在替企业决定雇用什么人和不雇用什么人，可是政府和法院不可能知道雇用哪些工人是合理的，这正是我认为这部法律的荒唐之处，它狂妄地认为它可以用法律取代市场竞争。如果你们这样喜欢中央计划经济，你们就应去朝鲜生活一年——就当作是志愿者吧。

哈耶克1968年重申这一看法："……无论在什么地方，竞争之具有合理性，都是因为我们不能事先知道决定着竞争行为的那些事实。……我建议把竞争作为一个发现某些事实的方法，不利用竞争，这些事实将不为任何人所知，或至少不能得到利用。"

关键是，这是一部荒唐的法律，它怎么会通过了？至今没有人来解释。这些立法者和支持者仅仅告诉我们为什么需要立法，以及为什么需要一部好法，但没有人告诉我们为什么通过了这样一部糟糕的法。

劳动法只能损一方保一方吗

唐钧：建立和谐稳定的劳动关系对企业主和劳动者都有利[①]

【背景】日前，国务院法制办公室公布《中华人民共和国劳动合同法实施条例（草案）》的全文，并向社会各界征求意见。公众对条例草案发表意见的截止日期为5月20日。

条例草案共分五章45条，主要就《劳动合同法》贯彻实施中有关无固定期限劳动合同、经济补偿与赔偿金的关系、劳务派遣等方面的问题作了规定。这些也正是《劳动合同法》当中争议较为集中的内容。此外，草案还对劳动关系的概念、劳动关系的中止、政府安置困难人员的公益性岗位的劳动合同等问题作了规定。

---

① 资料来源：2008年04月07日，21世纪经济报道，记者：胡敬艳。

据《财经》记者了解,《劳动合同法》出台后引发了激烈争议,因此,实施条例的制定工作自2007年下半年就开始启动,并始终受到舆论的高度关注。期间,牵头起草"草案"的国务院法制办公室曾多次在一定范围内征求意见,并数易其稿。也许是因为争议激烈,其颁布的日期也由传说的今年春节前后一再推迟。

中国社科院社会学所社会政策研究中心秘书长唐钧担心,公众对《劳动合同法》的理解可能陷入误区。他认为,《劳动合同法》不应该被理解为只"保护"劳动关系中某一方的利益,更不能说是以"损害"另一方的利益来达到"保护"的目的,这部法律是对生产过程中涉及的企业家和劳动者双方的权利和义务作出的法律规定。

他说,现在社会上关于《劳动合同法》的种种争论,实际上可能都不无偏颇,这也许与我国传统文化中对"法治"的理解相关。强调"以法治国"的先秦法家主张"重刑主义""严刑峻法""深督轻罪",造就了国人一个由来已久的认识误区:似乎立法就是专门针对某一特定社会阶层或社会群体,尤其是为了要惩罚其某种"恶行"的。而现代社会中的立法,其本质是规定法律所涉及的各方的权利和义务,并保证其实现,而"在法律面前",利益相关的各方是"人人平等"的。在劳动力市场中,企业家和劳动者双方对相互之间是否建立"劳动关系"实际上都有自由选择的权利。但一旦作出抉择,就必须按"市场"的游戏规则签订合同,以保证在合同期内双方权利义务的实现。

他回顾说,20世纪80年代,农民工开始进入城市,中国最初的劳动力市场就是由他们创建的。因为中国8亿多劳动年龄人口的客观存在,使劳动力市场成为企业主说了算的买方市场。但是,随着整个经济社会的发展,农民工的选择多了,从在当地企业间频繁"跳槽",近年来发展为区域间的转移,一些地方闹起了"民工荒"。这说明,以前那种绝对的买方市场已经进入了从量变到质变的变化过程。在这样的社会脉络中,企业发展需要职工对企业的忠诚,劳动者及其家庭则需要有可预期的未来生活,所以,建立和谐稳定的劳动关系实际上对企业主和劳动者都有利,《劳动合同法》正是在这样的时代背景下出台的。

在今年"两会"期间,企业家张茵在谈到《劳动合同法》时,几次提到"双刃剑",对此,唐钧认为,其实,几乎所有的社会政策都是这样。从另一个角度看问题,"无固定期限劳动合同"目前似乎是对企业的约束,但"民工荒"再发展下去,可能长期合同反倒对企业主有利了。认识到这个问题,企业主应该认真地与代表工人的工会进行集体谈判,双方通过对话、交流、沟通和互动,把利益诉求摆到桌面上,然后再进行协商和必要的妥协,在这样的基础上签订的才是有效的合同,这样的合同承载的才是和谐劳动关系。这应该才是《劳动合同法》的立法初衷。

新法严格了执行问题

《21世纪》:我们在1994年已经颁布《劳动法》了,为什么还要颁布内容非常相近的《劳动合同法》呢?

华生:《劳动法》颁布以来,国民经济连年高速增长,社会财富急剧增加,但劳动所得在国民收入中的份额直线下降,劳资关系严重失衡。劳动所得占GDP的比重,不仅无法与发达国家相比,也远远低于印度等发展中国家。

像我们这样一个人口大国,又处在农业人口大量过剩的工业化城市化时代,近年来竟然出现了低端劳动市场普遍和日益严重的招工难和用工荒,并不是因为劳动供给的真正短缺,而是反映了我们过去一些地方对劳动资源的掠夺性使用和竭泽而渔的浪费。不少企业长期以来只使用每天能工作十多小时的青年员工,农民工普遍超时工作,缺乏培训、安全和社会保障,住集体工棚,缺乏家庭生活和子女团聚的条件。而一过青壮年的黄金时段,一无保障二无工作三无技能的他们只能再返农村,重操旧业,或只能生活在城市边缘。

显然,尽快改变这种状态,既是保护劳工权益的需要,也是建设和谐社会、发展公民权利必不可缺的一环。过去的《劳动法》已经对劳工权益保护作了很多规定,但是不少企业连劳动合同都没有,使劳工权益保护成了一句空话,所以需要《劳动合同法》来落实劳动合同签署和明确违法责任。

《21世纪》:有观点表示:《劳动法》已经反映了现实执行当中的难度,法律的部分条款很不符合现实情况,企业的执行成本会很高。在这个情况下,再推出一个新法来,还是没有解决执行的问题。您怎么看?

华生:法律禁止的东西还很普遍,不是否定法律必要性的理由。反对贪污受贿,我们也有立法,但是贪污受贿屡见不鲜。难道因此制定反对贪污受贿的法律就不符合现实?就要去废掉?法律禁止的事情,天天都在发生,那我们法律都要废除?

实际上,《劳动合同法》并没有多少新内容,恰恰就是严格了执行问题,明确了不执行的经济和法律责任,所以才有人叫唤。事实也证明,《劳动合同法》颁布后,合同签署率大大上升,正好是有效解决了执行问题。

《21世纪》:1994年推出《劳动法》时,没有什么讨论的声音,为什么在14年后经济有了很大的发展了,推行《劳动合同法》,居然有这么多的质疑之声呢?

华生:这主要有三个原因。一是我上面提到的,反映了社会法治观念、法律意识的大大增强。过去法律条文说什么,大家不在意,无所谓,现在只是重复了老条文,人们就都敏感了,对法律规定的准确性的要求也提高了,这是一大进步。二是过去的《劳动法》规定了很多东西,但没说不执行怎么办,这次《劳动合同法》强化了惩罚条款,因此大大提高了法律的威慑力和执行度。三是反映了资本力量的强大。1994年的时候,民营企业还很弱小,国有资产也没资本化,现在随着资本力量的强大,当然就会有声音,而且很强烈,要求自己的经济权利和政治权利。但和谐社会,需要各种利益集团力量的平衡,其中就包括劳资关系的平衡。

现在正确的态度,既不是不分青红皂白、张冠李戴地批判《劳动合同法》,也不是自话自说、一味护法,否认问题和改进的必要。要通过司法解释,释疑解惑,特别是集中精力,解决好法律实施配套的条件和真正关键的具体负担的确定和计算问题。《劳动合同法》是办了件好事,但好事也要做好才是真好。

《21世纪》:有观点认为,颁布《劳动合同法》只是漂亮的口号,却很难施行,也很难保障劳工的利益,最终的结果是"多输"的局面。那么,目前《劳动合同法》的实施遇到阻力了吗?阻力有多大?

华生:《劳动合同法》的公布引起很大反响。企业界不少人表示有不同看法;一些知名经济学家也认为,《劳动合同法》在无固定期限合同等条款上存在重大缺陷,是政府不当干预劳动力市场的典型,会导致政府、企业和职工"三输"的结果。有人甚至认为如不改变,可能将原本大有希望的改革毁于一旦,要求修改、缓行实施《劳动合同法》的呼声很大。这里我想主要是误解和误读。

我所见到的《劳动合同法》的批评者,学者也好,企业家也好,一问,他们自己大部分都没读过《劳动合同法》原文，少数读了的其中绝大部分又没看过原《劳动法》。因为现在批评的"无固定期限合同"和解聘条件等规定，都是《劳动法》中的老规定，《劳动法》实行十多年了，中国经济一直飞速发展，并没有什么"三输"。

现在《劳动合同法》只是把《劳动法》中的相关条款照抄过来，怎么就成了洪水猛兽？自己连法都不看清楚，就把一直在实行的老规定当成新发明来猛批，这是要闹笑话的。新法只是给违法企业增加了压力。

《21世纪》：许多人认为《劳动合同法》给企业过重的负担，甚至成为压垮骆驼的最后一根稻草，您怎么看？

华生：《劳动合同法》包括《劳动法》给企业最大的负担，其实就是要给员工上保险，但劳动者能没保险吗？当今世界，不给劳动者上保险的国家还算是文明国家吗？况且实际上许多地方早已根据《劳动法》制定了相应的上保险规定，并已执行多年，否则也就不会出现广东深圳等地近年来农民工流动时大批退保的现象了。因此，就这一点而言，《劳动合同法》并没有给守法企业带来新的负担，只是给过去不遵法守法的企业增添了压力。

当然应当指出，《劳动合同法》关于职工强制社会保险的规定，虽然正确而必要，但具体的负担数额和计算原则办法，应当结合我国经济发展阶段和各方负担能力，合理公平、循序渐进。但这些内容，并不在法律条文之内，是要相应配套实施文件和各地规章去落实。这些具体计算规定往往是真正的要害所在。

所谓实施法律的成本负担云云，几乎全在这里。但国人的通病常常是，高调反对那些原本正确的大原则，却不屑于关心那些真正起作用的计算办法和负担细节。而这些最不易受关注和监督、恰巧留给了相关利益部门自行决定的"细节"，最后反而是最要命的东西。

《21世纪》："无固定期限合同"引起这么大的误解，您认为是《劳动合同法》的相关条文对企业自主经济性裁员的权利欲给还休，语焉不详。究竟是在哪里"犹抱琵琶半遮面"了呢？

华生：老条文抄进新法规，引起了轩然大波，首先应该说是个积极现象，说明社会上大家普遍的法制观念增强了。过去这么说、这么规定，大家并不在意，现在新法出来，大家关注，发现歧义和疑惑，这是好事和进步。这也说明社会对法律规定准确性的要求也提高了。因此，有的立法专家一味护短，不准批评，显然也不对。

那么多人误读，至少说明我们的有关条文有含糊不清的地方，需要有司法解释来加以完善。比如关于自主经济性裁员，规定了十多种情况下都可以裁，其实经济中的复杂情况是罗列不完的，没有必要画蛇添足。你只要明确一条，企业有自主经济性裁员的权利，就足够了。比如说，新法照抄了老法关于劳动者不能胜任工作，用人单位可以解聘一条。但是员工恐怕没有人认为自己不胜任的。所以律师们对这一条现在突然有了无数的解读。因为法律条文上从来没有说胜任与否如何认定。大家十多年来约定俗成就这么过来了。现在一较真，就成了问题。因此，司法解释需要明确，所谓胜任不胜任，当然是领导对下属的评价。实际上，只要明确了这一条，就没有了所谓铁饭碗的争论，企业的用人自主权就得到了充分保证。当然，律师、专家们要交钱才能听的讲座也就没人去听了。这就是我说的，司法解释清楚了，可以大大节约劳动争议和诉讼成本。

《21世纪》：劳工对《劳动合同法》不热心，您曾提到一个重要原因是社保至今并未实现全国统筹。

华生：《劳动合同法》关于社会保险的规定之所以企业有反感，农民工又不热心，一个重要原因是社保至今并未实现全国统筹,而跨省打工是当今的普遍现实。这种增加企业负担、外来工不得实惠的条文自然反应冷淡。因此,当务之急是尽快实现社保全国统筹或为农民工参保转移开个直通车,让农民工全部社保医保等专卡专户结算,与储蓄存款类似,户跟人走。这在技术上并不复杂,只是地方利益作梗罢了。

否则,《劳动合同法》规定的调子很高,实施条件又根本不配套,搞得不好真成了收钱的地方社保部门得利,企业、职工"双输"的结果。

《21世纪》:一些质疑《劳动合同法》的经济学家实际并非是特别地反对个别条款,而是明确反对政府对劳动市场的一般干预,认为劳动合约应由劳资双方根据市场条件自行议定。

华生:从理论上说,要素市场不是一般商品市场,由于不完全竞争、信息不对称和外部性等种种原因,要素市场并非是买卖双方自行随便交易的自由市场,而是由一系列法律、法规所约束和规范的制度市场。资本和货币市场就是这方面的一个典型,市场还没有开张,法律规章就已经制定了几大箱。如果没有法律规范,这些市场根本无法运行。

劳动力市场也是一样，劳动合约不是无约束空间的自由选择。这里有准入限制，如年龄，使用童工是普遍非法的。成年人的劳动合约也有每日劳动时间的约束。为了救急、救穷，出卖自己的全部时间即卖身为奴，即使双方自愿也为法律禁止，被认为是有损健康或道德的每日超长劳动时间也为法律所不容。

最低工资标准，虽然在经济学家中还有争论，但早已是世界上绝大多数文明国家的法规。从资本主义几百年的历史发展过程来看，随着劳工的抗争和文明的进步，八小时工作制、强制的社会福利和保险制度以及相应的劳工保护立法，早已构成现代市场经济的基本制度要素，并成为当代经济增长、社会稳定、技术进步的基本动因之一。

（不出台法律，双方自行议定劳动合约，）难道"穷人"有个饭碗就不错了？

《21世纪》：有人认为，执行了《劳动合同法》会直接影响到中小企业的存活，造成失业率大幅度提升。您是怎么看的呢？

华生：这个问题的回答恐怕还要具体化。首先，《劳动合同法》怎么影响了企业存活。我注意到有学者认为,《劳动合同法》硬性规定劳动报酬的形式和内容,包括加班工资怎么付,以及硬性规定了解聘条件等会严重影响中小企业。但正如我上面所说,这些全是1994年生效的《劳动法》的内容,新《劳动合同法》总的看是放宽了原有规定,如《劳动法》规定了加班时间和工资的具体条件和比例,而新《劳动合同法》对此根本没有具体规定,只是说了一句加班要付加班费。这个规定难道有错吗?付加班费就是影响了企业存活,那员工的死活法律就该不管吗?

其次,由于资本回报下降,劳工成本的上升,并不必然导致多用资本就造成资本对劳动的替代效应,从而引起该行业的失业率上升。举一个更极端的例子,就如前年铁矿石价格翻倍增长,并没有导致国内对铁矿石需求剧减,钢铁业不仅没萎缩反而大发展,就是因为这里还有一系列复杂的需求和成本转嫁链条的作用。

因此,渲染《劳动合同法》实施可能引起用工成本的有限上升会造成失业压力,显然是过于简单和夸大了。特别是在目前我国许多越是劳动密集的行业中劳工成本占产品价格构成越低的情况下,就更是如此。

《21世纪》:王一江教授认为从中小企业的现实困

难考虑,不宜实施《劳动合同法》,您的观点是什么?

华生:任何国家都没有说,什么人可以不执行法律,法律面前,人人平等。况且中小企业也不可一概而论,中小企业板上市的老板们,可都是亿万富翁,一点也不困难。那么,是否还要进一步区分,困难和富裕的中小企业,用人多和用人少的中小企业,还有多大规模算中小企业,是按利润分,按人数分,还是按资产分,这样分下去还有完吗?法律也不成其为法律了。

其实这恐怕是混淆了不同的概念,就业重要,我们有《就业促进法》,中小企业重要也可以搞中小企业法,促进其发展,但不是说中小企业就可以不执行法律包括《劳动合同法》了,就可以不保障劳工的权益了,天下哪有这样的道理?现代社会的进步就体现在这里,不可以对某些人、某些企业法外开恩。

我们不能端着真正的体制内铁饭碗,心里想的是,中国人多,人从来不值钱,穷人有碗饭吃就算不错了,说穿了还是过去几千年专制思想的影响。

▶第三篇

漫谈"两市"

与成熟市场经济的股票市场相比而言,嵌入于转型期社会的中国股票市场的三项特征:第一,"市场风险"远超"特殊风险";第二,投资行为的普遍的短期性、临时性、投机性,从而偶然因素往往可以决定"大市"的走向;第三,股市里流传的各类信息,几乎与流言等价,不由不信又无可确信。关于房地产价格的经济学原理不会改变:任何地方,任何时候,对地的需求永远是对最终住房的需求的派生需求。

用"脚"投票与"第五次浪潮"

这题目的前一半是老生常谈。政党政治中用"手"投票;股票市场上用"脚"投票——哪家公司的业绩不好,股民们就撤出资金,另谋出路。虽然是老生常谈,我却有新的说法,并且由此带出新的故事,那就是艾略特(R.N. Elliott, *Masterworks*)在临终前的著名预测——2012年结束人类经济三百年大周期的"第五次浪潮",开始一个新的几百年大周期。我相信,读者不会把这也视为"老生常谈"了。

股票市场是不应当被任何个人或政府以计划方式来操纵的。这是一个人尽皆知的道理。不过在市场经济里生活的人也多半明白,总是有人试图垄断或控制市场,以从中牟利。于是政府要建立"公平交易委员会"来监督市场参与者的行为。监督而不破坏市场机制的自发性,这是一种艺术,不是什么理论或科学可以解决的。当年法国人看到海峡对岸的英国人搞民主政治很成功,迅速产生经济上的奇迹,也要"东施效颦",结果发生了法国大革命和"红色恐怖",民主也搞得稀里糊涂,按照波兰尼(M. Polanyi, *Personal Knowledge*)的经典说法,民主政治是一种"艺术",需要文化熏陶和习惯培养,把当时的法国人"挤兑"了一下。政府对股票市场的监督是一种艺术,需要花几十年时间,培养几代管理者,摸索一整套适合国情的规则,经过十几次金融危机的锻炼……才可以说是初步成熟了。出于这个理由,我不玩儿香港和国内的股票,因为新兴市场的监督艺术和股民们用"脚"投票的经验,都非常可疑。

股票市场如果经常为少数人左右,"市场价格"就失去了意义。我们不妨宣称:所谓市场价格,就是让所有的人都不会感到完全满意的价格。这是一个具有"实证主义"色彩的判断——如果有人向我炫耀,他在某个市场里多么成功以致从来没有失败过,我一定首先怀疑那个市场是否应当叫作"市场"。我在夏威夷度假,美国大陆的朋友们常常让我提供对纽约股市或特定股票的判断,包括所谓"技术分析"。我的预测——长远可以到几十年,短期可以到几分钟——正确的时候比错误的时候多,算是"成功"吧。但是我很少看"新闻",从来不探究内部消息。我对股市或股票的预测,完全基于"自然律"。

熟悉我的文章的读者一定会批评我说，把人类行为构成的"股票市场"当成符合"自然律"的东西来预测，这不是犯了我一贯反对的"科学主义"的错误了吗？所以，我还得把我的理由交代清楚。

用"脚"投票的过程是一个完全自由市场的过程，没有人为任何其他人的投票后果负责。所以，对任何一个股市，对股市里任何一只股票，以及对有关任何股票的任何"消息"的评价，都是完全的"个人行为"。不错，如我在前几篇文章里说的，在高度竞争的美国市场里，有一大批专家分工分析各种股票的表现，并且向股民提供权威性的意见，并且那些大的权威机构（如美林集团）常常可以发布一条意见就使股票价格在当天下降或上升10%。但是，在竞争性的股票市场里，专家们的意见也是互相竞争的。如我曾经介绍过的，《机构玩家》作为每年机构分析员们之间的激烈竞争的"诺贝尔奖"（直接与工资收入挂钩），就是一种竞争机制。因此，权威们不敢为一时的私利而发表误导性的意见从而损害了自己长远的利益（尽管常有这样的分析家被股民控告"误导"）。总之，在充分竞争的市场里，没有什么"内部消息"是真正内部的，没有什么"内部人"可以靠了内部消息变成亿万富翁。这个说法看起来有些武断,但却是金融学理论基石之一——"市场有效性"假设。让我再解释一下这个重要的假设。例如,当某人获得了一条关于某个企业经营业绩的"内部消息"时,当他判断这是一条"利好消息"时,当他马上在市场上买进这家企业的股票时,另一个人也许同时得到了这条消息,或者,更加可能的是,同时获得了其他的"内部消息",并且他的主观判断是,这家企业会有"利空"表现,从而他会在市场上卖出这家企业的股票。当所有的当事人都努力去发掘和评价各种"内部消息"时,所有的人就都成了市场里的"原子",没有人可以说服其他人相信他自己的判断,或者,因反对所有其他人的判断而获得长期的利润。市场的方向就如同历史进程的方向一样,是千百万人的思想和行为的千百万个方向的"合力"(恩格斯语),不以任何人的意志为转移。

当一个事件不依赖于任何个人的意志时,我们可以说——在严格的康德哲学的意义上说——这件事情服从"自然律"。我于是依此信仰判断股票市场的行为。这一立场当然与我一贯加以批判的"科学主义"或者"历史决定论"完全不同。

按照用"脚"投票的上述说法，我可以讨论股票市场的"自然律"了。几百年前意大利的数学家斐波那契所发现的兔子生殖规律——斐波那契数列，在大半个世纪以前被著名的"波浪理论"股票分析家艾略特应用于股票分析，其惊人的准确性使得当时最权威的技术分析家科林斯（Collins）佩服不已，破例聘为自己的"合伙人"。当混沌（chaos）理论风行世界的时候，人们才意识到，艾略特的分析技术其实就是混沌理论的所谓"分型"（fractal）在股票市场上的运用。进入20世纪90年代以来，一度是"显学"，后来被各种新理论淹没了的艾略特的"波浪理论"（the wave principle）又开始在技术分析专家们当中变成"热门"。我在文章一开头引述的艾略特的那本著作，就是1994年出版的他的"全集"。

在股票技术分析的历史上，艾略特是继承了"道"周期理论（the Dow theory）的第二位大师级人物。他早年并不经营股票，而是以在各地开办茶馆和撰写经济评论文章闻名美国。晚年由于身患重病，急需金钱，才给科林斯写信，要求出售股票预测的"波浪理论"。按照这本书的编辑者的说法，艾略特的思想培养或至少极大地影响了当代三位最杰出的技术分析大师的头脑。这话不假。因为我在香港大学教授金融学时，注意到技术分析的教科书将"波浪理论"列为继"道"理论之后技术分析的经典。

所有这些与"自然律"有什么关系呢？熟悉斐波那契数列的读者不会提出这个问题。不知道斐波那契数列的读者，眼下只好满足于我三言两语的解释。在大自然中，一切现象（包括精神现象）必定有其"时间"，物质现象还必定要有"空间"。这也是康德哲学由以开头的两个"先验"概念。至于"精神"与"物质"是否还可以如此两分，请参阅我的其他文章[①]。凡是必须要经历"时间"的事情，我们就称之为"过程"（process）。凡是一个过程，就必定不会在瞬间完成，否则就不需要有"时间"，也不会成为"过程"了。凡是不能在瞬间完成的事情，通常分作三个阶段完成，这是我给斐波那契数列找到的通俗解释，书上没有，不过我相信是正确的。

凡是分作三个阶段完成的过程，一定不会总是向着目标一直走过去，而是要曲折地到达目标。因为如果一个过程从开始到结束只是一条直线，那就只有一个阶

---

① 《在经济学与哲学之间》，中国社会科学出版社，1996。

段,谈不上"三个阶段"了,甚至也就谈不上有"时间"了。海德格尔说,"时间"是我们对旧的视野加给我们的限制的突破。如果从来就没有什么"限制"或者没有任何阻力,也就谈不上有"时间"。我不相信斐波那契有海德格尔的深刻性,不过,我相信这两个人的理论之间有如上所述的联系。

于是,任何一个"过程"必须分为三次前进,而且在每两前进之间一定发生一次"曲折"。所以,任何一个过程必定分作五个阶段(波浪):在前进的过程中,阻力积累到一定程度,就使方向发生逆转。这样的逆转应当有两次,因为前进一共有三次。加起来就是五个阶段(波浪),如图3-1所示。

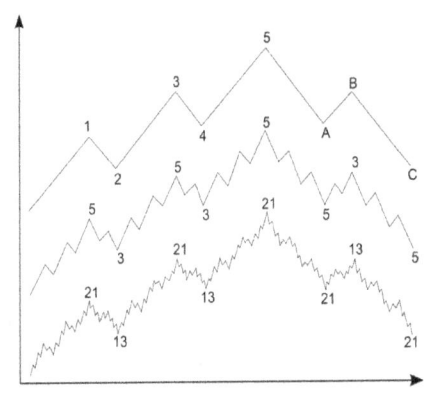

图 3-1 波浪理论示意图

但是每一次逆转也应当被看作一个单独的过程，也需要时间来完成，也应当有属于自己的若干阶段。艾略特的观察是，每一次逆转的过程应当有三个阶段（波浪）——两个沿着逆转过程所决定的方向前进的阶段，一个对这一逆转过程的逆转阶段——而不是五个阶段（波浪）。道理也简单，如果所有的过程都有五个阶段（波浪），那么每前进一次，其逆转时就会把事情带回到出发点，永远不会有终点；只有进五步退三步，事情才有结局。

这三和五的关系，在自然界几乎随处可见，而且可以说是宇宙间的普遍规律。于是一个大的过程分成五个中等的过程；每一个前进的中等的过程分成五个小过程，每一个逆转的中等的过程分成三个小过程；每一个前进的中等的过程里的前进的小过程又分成五个过程，而每一个逆转的中等过程里的每一个与逆转方向一致的小过程也分成五个过程；……如此往复，以至无穷。这就是混沌理论所谓"分型"的原理。这也是我在股票价格的波动中看到的原理——从几十年的月份走势图，到一分钟的当日走势图，几乎百分之百准确（至少到今天还没有见到例外）。必须指出，对于股票的价格，没有任何理论或任何个人有能力百分之百地准确预测。波浪理论只告诉我们一个原则：当我们认为我们已经观察到了一个过程的前三个波浪时，我们可以断定这个过程或者已经完成（如果它是一个更大的过程的一个逆转过程），或者还需要两个波浪才可以完成。至于每一个波浪把股票价格带到什么样的价位上，那完全是经验判断，与理论的关系很小。记住，一个有效率的市场不会允许任何人完全满意。在这个意义上说，市场是不可预测的。

由于艾略特的巨大成功，他本人的财富当然也相应地积累起来。直到今天，我们在华尔街63号还可以看到当年艾略特居住的豪华楼宇。不过我更想告诉读者的，是他晚年写的一篇笔记或对未来世界的预测，在上述他的"全集"第209—211页上。这篇短短的笔记题目叫作《市场未来的模式》（*The Future Patten of the Market*），写于1942年10月26日。两年之后艾略特就病逝了。这三页纸当中的一页半是对正文的脚注；而正文的一半是两条波浪式的曲线。真正的文字只有六段。但这里凝结了作者后半生的观察和对市场经济"自然律"的惊人的准确把握。这两条曲线的第二条是1857年到

1929年股票市场的波浪走势分析。这是作者能够发掘到的全部历史资料的总结。让美国当代技术分析大师们叹为观止的是第一条曲线，那是一条起点是1776年，终点是2012年，跨越二百多年历史，涉及人类三百年发展过程的，巨大的波浪走势曲线。这条曲线的第一个阶段和第三个阶段都以虚线画出，表明是作者的猜测和推断。只有1850—1942年的数据是以实线标出的。

在这篇笔记里，艾略特推断，人类三百年的经济发展可以分作三个上升的阶段和两个下降的或"调整"的阶段：①1776—1850年，第一个上升阶段；②1850—1857年，第一个调整阶段；③1857—1929年，第二个上升阶段；④1929—1942年，第二个调整阶段；⑤1942—2012年，第三个上升阶段，也就是三百年周期的最后一个波浪——第五浪。

为了缩短篇幅，我只告诉读者现代分析家们沿着艾略特的工作继续努力的成果之一，是1997年发表的《大熊市理论》（R. Prechter, *The Grand Bear Theory*），作者是目前公认的波浪理论研究的领导者。在这本新著中，作者告诉我们，1972—1978年"石油危机"引发的将近十年的世界经济大调整（从能源浪费型技术转入节能技术和环保技术）刚好是艾略特预测的第五浪潮的第一个调整过程，也就是第五浪潮里的第二个"子浪潮"。而20世纪90年代世界经济普遍繁荣的期间，是这第五浪潮的第三个子浪潮。现在，接着这第三个子浪潮，在1997年10月发生的股票市场的大调整，是仅仅才开始的对这第三个上升子浪潮的调整过程，也就是从1929—1942年大萧条以后开始的第五个浪潮里的第四个子浪潮。然后，人类将进入第五个浪潮的第五个子浪潮，并且在2012年结束这一浪潮，这一个三百年周期的最后一个浪潮的最后一个子浪潮。

虽然，我曾经不止一次地听说过，也读到过这类预测，也知道那些"熊市"理论家从90年代中期开始的"熊来了"的叫喊，不过，我严肃地对待这一预测是在读完了艾略特的"全集"以后的这几天里。根据我自己对道琼斯指数历史的分析，尤其是对各个波浪的上升与下降期间所经历的时间的比例的研究，我确实也得出类似的结论：世界经济在2000年12月以前必须经历一个3年到4年的调整过程，这个过程开始于1997年10月28日以前的若干星期里。我不打算用更加具体的数据来"吓唬"我的读者。我更有兴趣的，是经过这次大调整之后，2001年以后的世界，会是什么样子。至少，在2012年以前，按照艾略特的预测，世界经济将经历一次"最后的繁荣"——第五次浪潮的第五个子浪潮。

这最后的繁荣之后，是一次调整，它的规模必须与三百年周期的幅度相称。换句话说，调整过程至少应当在50年以上（假设下降阶段占用的时间是上升阶段占用的时间的1/5）。那些有兴趣进一步了解未来世界的读者，不妨去读我写的另一篇书评《关于我们人类下一个一千年》。

被随机性愚弄的人们

每年1月书多,因为出版社要参加1月份的订货会。所以,每年2月需要推荐的好书也多。即便如此,能被我列入"新经典阅读"的书,很少是管理类的。这一次例外,足见这本书是不寻常的。读这本书[①],我总是想到艾智仁的那篇论文。不过,艾智仁不能在学术论文里调侃经济学家——他确实如此做了,我能读出来这一层含义。塔勒布在这本通俗读物里是可以调侃的,他调侃经济学家和律师,也调侃他自己。一个人可以只用5%的时间工作,95%的时间读书(以及消遣),同时享受物质丰裕的生活,让我很羡慕。能用这样的文字来解释随机过程和"非决定论"历史观,也让我很羡慕。回头来说艾智仁那篇论文,是最常被引用的论文之一,不过,我发现,引用者通常不仔细读它。因为他们引用的是艾智仁"as if"理性辩解,却从不继续引用这一段文

---

① 纳西姆·塔勒布:《随机致富的傻瓜》,盛逢时译,中信出版社2007年版。

字下面的文字：假如上帝突然改变了加油站在地面上的分布，原来的优胜者是否多数沦为劣败者呢？当然，这就是艾智仁对功能主义演化论经济学家的调侃。这伟大的"好像有理性"，被无数学者引用来为经济学理性主义立场辩解，但艾智仁可能会嘲讽他提出来的这一伟大辩解，因为，随机过程稍许变动之后，现在春风得意，向大众阐释自己如何胜出的幸存者，立即变为失败者，他们的成功策略与天才立即陷入需要解释的尴尬境地。所以，塔勒布讲述的华尔街故事，艾智仁半世纪前虚拟地讲述过。历史决定论者要从"存在的"当中寻找"合理的"解释，于是存在的就是合理的，合理的可以长期存在下去。非历史决定论者要从"存在的"之外寻找"可能存在的"，于是存在的未必是合理的，可能存在的可能更合理。读塔勒布这本书还让我想到王小波的《青铜时代》，同时演化着若干不同的随机过程（历史），我还当真返回去查找之后，才认定了作者塔勒布与作者所写的塔勒布之间的关系，并且，结尾处交代塔勒布的私人直升机坠毁，我明白那是他虚构的他自己生命终结的方式之一。再讨论一个有趣的看法，塔勒布在第162页莫名其妙地写了一段文字"遇雨则倾盆"，描述了我们熟悉的网络效应。不过随机过程与网络效应通常是不在一起描述的,所以,同时设想随机过程与网络效应就更有趣味。静态的网络效应可以这样刻画:在任一可能节点上使用货币A或B与另一可能节点上使用货币A或B以便达成交易的概率,依赖于网络全部可能节点的集合内使用货币A或B的比例。换句话说,一种货币,例如A,被越多的节点使用,就倾向于被更多的节点使用,最终淘汰其他货币。注意,这是静态描述,它不必有"历史"。引发了塔勒布关于"非线性"历史观的感慨的,是"非平稳"随机过程——不满足独立同分布(i.i.d.)假设。例如,我今天出门携带货币A的意向性正比地依赖于昨天我见到过的使用货币A的人数。于是,佩顿·杨(Payton Young)已经论证过了,以金币为主的"均衡"可以逐渐漂移到以银币为主的"均衡",然后再因偶然机会被触发,漂移回金本位制度,……如此往复。我说过,广义的"制度"或真义的"秩序",可以隐含式地定义为"当前行为受以往行为制约"。那么,静态的网络效应与随机非平稳过程结合呢?例如,我们中国人在骨子里仍是"历史叙事"的,这可以导致多数中国人的行为是在社会网络里非平稳随机过程的行为。多数人越强烈地依赖于历史，历史就越表现为"灾变"——遇雨则倾盆。寓意是什么？适可而止地向西方人学习吧，若每一社会成员都更多追求创新，则全体成员的历史将较少表现为"灾变"。还有，如果大部分散户在2007年都转入基金，我知道我们的基金经理其实不懂得多少金融市场，他们只知道管理学院教给他们的那些技术分析和基本面分析，他们或许见过一些历史，但以往的历史根本无法说明未来的历史，况且，他们（基金经理）的平均年龄，据我观察，不会超过32岁，要知道，中国的市场是"新兴市场"，哪里有岁数大的操盘手？幸亏，这一代经理的岁数决定了他们经历的历史多为"熊市"的历史，这样，他们或许比美国那些年轻经理更谨慎。不过，我仍担心，原本离散的决策在2007年通过"基金狂热"而成为相当集中的决策过程。最糟糕的是，这些决策者的决策模型如出一辙，都是商学院灌输的那一套，并且基金经理们的行为模式不再像散户那样，绝大多数经理人员是风险规避型的——他们都是很相信"历史叙事"的，或者，基于诉讼考虑，他们也务求一切决策基于统计数据（历史）。最后，缺少衍生工具，或现有的衍生工具市场太

"薄",总之,这些因素合在一起,可能导致今年股票市场的波动幅度远远超过以往。为什么?还是上面说的"灾变"——非平稳随机过程惹的祸。对金融监管者来说,如果今年的股市波动幅度远远大于以往,那么一个很艰难的问题是:你怎样区分"泡沫"和"正常波动"?我还有一个技术性的推测,如果今年股市发生大幅波动——"灾变",最可能发生的时期大致是在7月份[①],当然,这意味着6月份和8月份也算。事先声明:这里是"私人日记",别转发我的推测,转发了也别来采访我。

丁丁评语:这是一本奇特的书,虽然我通常只把这类书列入"知识与情趣"。我们把它列入"新经典",首先因为它的文字风格,让读者想到了普鲁斯特或昆德拉,那文字里带着精神贵族特有的厌倦情绪,不单纯是玩世不恭。另一方面,这位作者又跻身于华尔街成功人士当中,至少,他可以只工作5%的时间就享受丰裕社会提供给上流人士的生活。其余的时间呢?他读书,尤其是读古代希腊和罗马名著。以第三人称叙述,作者

---

① 2007年。

说，塔勒布是世家子弟，曾祖父和祖父都担任过黎巴嫩副总理，家族财富毁于战火之后，他才加入华尔街淘金者的阵营。列入"新经典"的第二个理由，流畅与调侃的文字之外，作者的观点特别重要，尤其对2007年打算进入中国股票市场淘金的那些人。作者的观点被概括为中译本的书名——《随机致富的傻瓜》，英文原名直译是"被随机性愚弄的人们"。不过，这一次我很赞同中译的书名。例如，你2006年买基金发了财，可千万别觉得是因为你比别人聪明，从而你2007年仍可发财。今年年初的基金发行引起的"基民"狂热，丝毫不亚于去年年底，尽管历史从不重演。此外，"小概率事件必定发生"，这一定理意味着过去连续赚钱的基金越来越可能把你的钱赔光。所以，如果你正要购买基金，我强烈建议你先读这本小册子，至少，让你自己更悲观一些，才会有一个比较高兴的2007年。

附注：对偶然成功的股票投资者的最不信任"理性选择"的随机解释是这样的（最初由数学家贝努利给出），设有一万人抛硬币，第一次抛硬币得到头像者可获得第二次抛硬币的权利，在通常的随机性假设下，第一次抛硬币之后，大约有5 000人可获得第二次抛硬币的权利，其余的人被淘汰。依此类推，至第五次抛硬币之后，大约有312人可获得第六次抛硬币的权利。这意味着什么？如果你是艾智仁描写的那些芝加哥旁观者，那么你无法观察到从洛杉矶到芝加哥路上死去的车手们，你观察到的是这样一种令人振奋的结局——有300名幸运儿，他们连续五次抛硬币都得到头像那一面！如果他们是基金呢？连续五年胜出的基金，当然是要追捧的了。其实，这纯粹是偶然的。因为有一万人在出发点，只不过你没有看到那些死去的。

不过，我要补充一点，上面的随机性演示只是一副解毒剂，让我们保持冷静。如果你当真了解一种股票或一只基金，那么你应当根据你对股票和基金"未来"可能有的表现的判断而不是根据它们"以往"的业绩作出决策。如果你不了解股票或基金，但你急赤白脸非要进入股票市场，那么你应当根据你自己的风险态度选择让你可以安然入睡的投资组合。

昨天回来看这里的情况，最惊讶的就是对这一篇日记的访问量，居然达到1万次，而且还在迅速增加。

在关于"不可能出现熊市"的论证中，最具说服力的，对我而言，是"流动性假说"——①如果人民币不能自由兑换，②如果投资行为对利息不足够敏感，③如果可投资的项目很少，那么，每一可投资项目的价格会突然上升。也就是说，资产价格膨胀。人民币在境内贬值，对应于它在境外的升值过程。贬值可以表现为资产价格的膨胀，可以表现为消费品价格的膨胀，也可以表现为储蓄行为对利息更加不敏感。如果这一论证是合理的，那么，投资股票的行为就只是所谓"趋势投资"而很少是所谓"价值投资"。换句话说，在股票市场里追逐股票的货币的极大部分是凯恩斯所谓"投机"而不是"投资"。投机的货币虽然很难实证地区分于投资的货币，但二者间行为学的差异是清晰的——投机的货币对企业盈利状况不如投资的货币那样敏感。

上述看法的一个推论是：如果追逐境内股票的货币突然找到了另外的出路，境内股票市场的牛市就可能突然结束。当然，从QDII目前的规模看，这样"突然放水"的概率还很低。

关于金融衍生工具的疑问

我把这位网友的批评贴在这里,希望引起更多讨论。如果我们都生活在没有期权机制的股票市场里,我们怎么可能对"期权"有充分的认识呢?所谓"认识不足",是对期权的直觉认识不足,而非理论认识不足,我自己好歹在期权买卖中生活过六年。理论探讨,不可照搬金融学教科书。例如,我们探讨一下,在"put"和"call"当中,不妨只选其一,我喜欢首先讨论"put"。请任何批评者告诉我,在一个人人可以购买"put"同时只允许资格经过认证且接受监管的机构出售"put"的市场里,风险究竟是比完全没有期权的市场高,还是更低?请运用想象力,而不是仅仅把教科书贴在这里。不论如何,我在这里提出来探讨的,是如何引入某种监管机制,抑制机构的投机行为,从而降低市场的整体风险(中国市场的问题始终在于"整体风险"太高,最优组合只能分摊"特殊风险",大约只是总风险的30%)。这至少比目前"行政式的"监管方式更健康吧？发展中的金融市场，很可能与发展中经济遵循着同样一个实践原则——应当引入的是"适用技术"（appropriate technology）而不是"先进技术"（advanced technology）。所以，我劝我那些在监管或金融机构工作的朋友们，去西方考察的时候，多关注适用技术，而不是最先进的技术。例如，当交易费用足够高时，采取"蝴蝶对冲"（butterfly hedging）几乎肯定是不合算的策略，不如简单的"保护性看跌"（protective put）或"掩盖性看涨"（covered call）合算。

网友批评：你对"对冲基金"的认识不够足。① "2007年中国股票市场最需要的，是对冲基金。"其实，对冲基金风险时常是巨大的，赔起来甚至比股票更大。且不说那次横扫亚洲诸国的金融危机对冲基金"功不可没"，就说去年Amaranth亏掉60亿美元，创下世界历史上单个基金公司的亏损之最。另，去年冰岛克朗兑美元汇率暴跌1/4，也是对冲基金造成的。② "可以先引入'puts'这类期权。" "puts"与"calls"如同一个人的两条腿，岂可不要一条？一为看跌期权，一为看涨期权。去掉一腿如何交易？③ "姑且把'puts'翻译为'定售期权'。" "puts"早已有国内通用的译名，何须

"姑且"？且"定售"不确定，根据时常行情"puts"的交易往往具有明显的不确定性。

汪丁丁的回答：首先，我写文章总是字字计较的，请不要忽略了我原文的"我觉得"三字，那是一种怀疑的口气，不是断言"中国股市最需要……"。其次，人人知道对冲基金风险巨大，不要忘记，我这篇文章推荐的书，就是讲述这类巨大风险的。不过，我仍推荐这本书给《财经》读者，因为作者是华尔街公认的权威策略家，并且在承认巨大风险的同时，也指出了这些衍生工具对于健康市场的重要性。关键是监管方式，不是金融衍生工具本身。我们不应把监管方式包含着的极高风险归咎于金融工具。第三，所谓"人的两条腿"之说，只是教科书看法，教科书看法假设完善的监管机制与市场机制，故而不足为凭。即便照搬教科书[①]，我们也立即可以知道，"protective puts"或者"covered calls"，都是降低股票风险的策略。而且你的所谓"两条腿"也不正确，因为（long stock）+（short call）=（cash）+

---

① 例如，2000年第6版，中信出版社2005年影印版，Reilly and Brown, *Investment Analysis and Portfolio Management*，第1022—1023页。

（short put），换句话说，为降低风险，一条腿就足够了。请想象：在一个只允许经过资格认证并接受监管的金融机构出售看跌期权并且没有看涨期权的市场里，如果我持有100股IBM并且我看跌近期市场——例如，在6月份交割期前IBM跌破X元的概率超过50%，那么我可以购买一张看跌期权合同，价格通常不会超过X的5%（根据经验）。此时，对我个人而言，风险肯定比不允许购买看跌期权时有所降低。另一方面，出售看跌期权的机构，如果接受监管，并且监管是有效的，将不允许利用看跌期权"投机"——例如，购买大批看跌期权从而"放空"市场。最简单的监管规则可以是：假定机构A在每一季度内持有头寸Y，则A被允许出售的看跌期权的总市值不应超过Y的a倍。我讲授了足够长时间的投资理论的技术分析课程，根据我的计算机仿真经验，只要适当设置这一乘数a，总可以找到一种监管规则，使市场风险低于完全没有期权交易的市场的市场风险。换句话说，理论上，我们可以找到一些监管方式使那些有资格出售看跌期权的金融机构的行为好像是"风险中性的"，同时，对大众而言，由于被允许购买看跌期权从而风险有所降低，故而，市场风险比以前降低了。我希望批评者的批评是富于想象力和创造力的,而不是像学生背诵教科书应付考试那样的。

另一网友给我留言:不知道汪老师下篇"边缘"栏目是什么文章啊,是谈中国股市的吗?或许不够"边缘"吧,但汪老师的唱空思路在这个时候还是很边缘的,呵呵。希望汪老师有空也谈谈中国的房地产,一直没招啊,我们亲爱的政府。

汪丁丁的答复:"边缘"题目当真难找,但肯定不是股票市场。我注意到你觉得我是在"唱空股市"?其实,以我在美国生活20年的感受,如果媒体和精英都呼吁保持警惕,则股市不会跌。只有当他们都看好股市时,股市才会跌。这就是所谓"市场的本性是让尽可能多的人尽可能地感到尴尬"这句话的意义。我很喜欢并且多次引用过这句华尔街名言。根据这一名言,我不认为2007年上半年股市进入熊市的概率会超过50%,如果看跌的言论继续扩散,我甚至会认为2007年将是股市大涨年。

网友"李叶舟"的批评:汪丁丁的"我觉得2007年中国股票市场最需要的,是对冲基金",属酒后之语。早期的对冲基金是基于避险保值的"保守投资策略"的基金管理形式。对冲基金一般没有明确的投资路线，基金经理可全权处理投资策略（区别于传统基金的最大点）。而现今的对冲基金是很少通过正常的对冲操作来保值避险的，反而只有传统公募基金把对冲操作当成避险的工具。成功的对冲基金典型的操作方式是：发现风险，把它放大，然后再反向操作，最后获利走人。也就是，"做多赚钱做空也赚钱或做空赚钱做多也赚钱"。索罗斯要遵守早期对冲基金的投资策略就不会败走香港了。在中国私募基金是最类似于对冲基金的基金，可是却缺乏工具，A、H股联动操作理论上可达到相似的效果，但操作过程太复杂且成本过高（市场身份、资金进出境、币种转换，几乎都是非法的）。在我看来中国股市的**风险正来自于预期中的股指期货，从部分基金经理超配工商银行、中国银行、中国石化、中国人寿就能看出他们的赌博意图，中国投资者（包括基金，也包括我）缺乏对金融衍生品的投资经验，在没有风险管理能力的情况下，金融衍生品就是无行为能力者的"财富粉碎机"。股指期货我认为现在推出并不恰当。先推出几只周期行业的大盘公司（如：中国石化、江铜等）给大家练练手还是不错的。

汪丁丁的回答：那句话可不是酒后胡说，是认真地探讨这一问题。既然金融市场迟早要引入衍生工具，为什么不现在就探讨机制设计问题呢？你们关于"对冲基金"的风险和邪恶，都是"一朝蛇咬十年井绳"之论，不是冷静理智的看法。还是心平气和地讨论我提出的这些制度问题吧。至于"财富粉碎机"一说，适用于任何金融工具，包括股票。凡以缺乏经验为根据不同意引入金融工具，盖属因噎废食之说，根本不足信。事实上，各国的监管规则，都与当地投资者的市场经验共生演化，都不是完备的理性设计的产物。惟其如此，金融制度才不可照搬，因为本国市场经验的演化路径不同于外国，规则的照搬几乎不可能成功。

网友"李想"对我的问题的回答：假设我是对冲基金经理，我自然会给出对本公司股东和基金持有人有利的投机策略，概述之：①期权和期货新的衍生品应由交易师或投行管理者设计并推出，而不是由政府官员来设计与推出；②除股东和基金持有人的资金之外，对举债的监管应有很大的宽松度；③无论买卖都应实行对冲基金的高杠杆率；④最好没有操作透明化的规范；⑤监管者应鼓励和规范对冲基金在股市和债市的泡沫大时做空，反之在股市和债市低迷时做多，并从中获利。前三条算是对冲基金投机策略的基础吧，后一条算是投机策略大体上的一种赢利模式。问题是，这只是一个假设而已。我觉得50年内在中国不会有这种对冲基金，当然这期间会由政府官员设计和出笼一些局部性的期权和期货的衍生品。顺便我想告诉你，对你许多文章的观点我是赞同和欣赏的。但我觉得各种经济理论管用的确实不多，尤其是对中国的资本市场。

汪丁丁的回答：请参阅我推荐的比格斯的那本书，然后，假设最简单的监管规则是：①只允许任何人购买"看跌期权"，②只允许具备资格并接受监管的机构出售"看跌期权"，③任何基金，必须保持"净多头"或"净空头"的比例在例如25%或更小的范围内，否则就算违规。在这样的监管规则下，投机是不可能致富的，期权于是只能用于降低风险。在满足以上规则的前提下，投资者仍保有一个足够丰富的投资策略集合。由于以上监管规则非常简单，故可认为是有效的规则。

股票市场及行为学

突然见到这位网友在我的旧作后面加了新评论,而且值得进一步探讨。

网友"八千里路云和月"的评论:连丁丁大哥都开始讨论股市,呵呵,做空机制会在今年推出,此次行情的一个生生不息的源泉也在于可以在推高后再反手做空,双程赢利,所以做空制度本身一定可以给市场带来稳定么?值得商榷。个人认为影响股市的因素长远看还是经济因素,比如货币的流动性变化影响资产的定价,宏观经济周期对企业赢利、个人收入的改善,最重要的也许是对未来预期的改变,微观经济周期对行业与公司的影响等。最为行为学的研究,"股市游戏的行为学解释,确实如这位网友所说,是'乐观者'对'悲观者'的博弈",似乎这个不好界定(当然可以用模糊数学),其实在市场上是一个抱团取暖的模式,也可以说一定程度上是羊群行为。楼上谈到艾略特波浪理论,个人认为其实这些技术分析都是一个片面的映射,犹如盲人摸象,抓住的是事物的一点,但就真实性而言,还不如盲人摸象。就像占星术,由于双方集合如此之大,在把星星的行为按照一定的函数规律的集合数字化后,总可以与证券市场上的某只股票的数字化规律契合,但是我们都知道,这种行为有意义么?本人并不否认技术分析,而且还曾将技术分析的指标一个个编码实现并验证其在历年市场上的成功率,发现有些指标是可以取得战胜市场的效果的。但是我认为市场的规律是变化的,市场是一个局部自我强化与总体自我纠偏的过程,过去的知识一旦被大部分人掌握,局部会短期产生强化效果,但是在长期而言,将丧失其效用。行为学中的"一月效应"就是一个例子。技术分析,其实一定程度与行为学研究有交集。从长期看,市场一定要给人们带来切实的收益,比如美国市场的正常投资可以使得退休的人们获得足够的退休保障一样。目前中国市场总体而言,市场的交易费用超过其贡献给投资者的红利,这样的市场是基础不牢固的,不改善则不具备长远的投资价值!行情启动的时候,PE是12倍,与香港类似,但是以3000点的高度目前PE已经远远超越香港,市场已经越过理性的模糊边界,在非理性区域徘徊。左小蕾博士在6月提出行情非理性,这个可以看作非理性的模糊上界,而成思危先生在12月提出的过热,可以认为是理性的模糊下界,我认为在这个阶段,政府应该开始干预,不要让泡沫一次性地吹大与破灭,当然,这个有一定的困难,因为全球的流动性泛滥问题传导到国内,巨额资金引致资产定价的变化,伯南克改变十多年的学术观点,认为资产价格的变化应该是FED关注的焦点之一,就可以看见这个问题的严重与复杂。但是另一方面我们似乎处在流动性泛滥的转折期,如果一旦真大反转,巨大的泡沫与流动性的突然缺失,极易导致股灾,就如美国1989年的情况,而做空机制在那次是起到了助长市场恐慌,引致股灾扩大数倍的作用的,而不是预期中的反向截止阀的作用。虽然我个人预期中国市场未来数年走一个持续牛市的观点,但是短期的干预,对于市场参与者可以有一个有利的保护作用,在缺乏社会保障,在缺乏医疗保障,在缺乏教育保障,甚至在缺乏工作保障的当前,在走到哪里都听到社会各个阶层谈论股票的当前,采取一定干预措施,防止大规模股灾,对习惯羊群模式、缺乏自我保护能力的中国百姓,是一个好事情,当然,要防止那种内部通气、百姓买单的寻租行为。

听说丁丁在做行为学研究,真希望有机会致弟子之礼做一个请教?

汪丁丁的回应:是的,引入做空机制当然会诱致投机行为,如你所言,双程盈利。但请注意,我不同意引入完整的做空机制,我只建议先引入"看跌期权"——并且只允许散户购买这一期权,只允许接受严格监管的机构出售看跌期权。监管的简单规则是:每天收盘时,监督有出售看跌期权资格的机构保持自身的"净空头"比例低于某一流动性比例。从而,你说的"推高后再反手做空"不可能成功,因为该机构不可能卖掉股票同时只拥有看跌期权,否则当天收盘时它的资产账户就要显示超出规定的净空头比例,这是违规,要受到监管惩罚。理论上,存在合适的净空头比例使市场里的总风险比完全没有做空机制时要降低许多。任何机制,理论上完整的,在实施时都会有很大困难,特别是机制设计理论,敏感依赖于这些实施困难。不过,我建议的这一机制,似乎不会敏感依赖于实施困难,因为它太简单。

汪丁丁的另一回应:是的,我已经在北京大学和浙江大学讲授了一年行为经济学,今年还要继续讲这门课。说实话,我似乎是国内经济学家最初介绍行为学和脑科学的吧,顺理成章地,当西方各大学风行"行为经济学"的时候,我当然就必须讲授这门课程啦。春季的课程,在杭州,浙江大学,全校公选课,欢迎你来参加。秋季返回北大。

机制设计的大问题是:任何机制的效果,通常太敏感地依赖于初始条件,若非如此,机制设计理论早就风靡世界了。我建议的,并非什么高深的机制,只不过是通常所说的拍卖制度的一种而已,应当可以实施,并且不会对实施条件太敏感。我们从西方股票市场学来了许多制度,刚开始的时候,那些制度在我们这里都是敏感地依赖于实施条件的。例如,"基金"制度,忘记了《财经》揭露的"基金黑幕"吗?然后,监管改善,今天,谁还会因为害怕基金"对敲"不敢买基金?不是人人变成"基民"了吗?事实上,基金已经很安全了,安全得都不像市场运作的基金了。这就是所谓"学习曲线",每一种制度,都需要一个学习过程,然后才可能降低制度费用。韩国人把这些叫作"through put",记住,不是"input",也不是"output",是你在干中学的费用(K. Arrow, "economic implications of learning by doing")。

嵌入在转型期社会里的中国股票市场

转型期社会的制度特征，简单地概括，就是新旧制度共生演化，旧制度与新制度相比，固然有严重不合理之处，却仍显出许多合理之处，故而不能被新制度轻易取代。这一格局，表现在人们的日常行为中，成为"社会博弈"的背景——相对于日常博弈行为而言，它更具稳定性，尽管相对于稳态社会的制度而言，它更不稳定。日常的博弈，逐渐改变新旧制度既得利益群体的力量对比，从而最终完成新旧制度的更替。

可是这里所谓"新"和"旧"的制度要素（成分），因为不处于稳定状态中，因而是无法界定的。我们不能相信，更早存在的制度要素就一定是旧的并必将被后出现的制度要素取代。事实上，任何社会的"新"制度，都是演化形成的故而都含有旧制度的要素，而且任何社会的新制度的形成过程，都充满着对新的制度要素的检验和否弃，最后保存下来的制度要素，往往既有新的又有旧的。形式语言中的"新制度"和"旧制度"，必须基于两稳态制度之间的比较，而不能基于转型期内的观察。也因此，对制度演化的形式刻画（例如数学模型），非常艰难，如果不是不可能的话。懂得了上面这番道理，我们就可以明白，在转型期社会中，凡与制度相关或基于制度的行为，都会使这一社会之外的理论家感到困惑不解，因为这里发生的事情显得莫名其妙而又似乎不是一片混乱。中国人的改革实践，在许多优秀的理论家看来，既不符合市场经济的逻辑，又不符合既有市场经济的实践经验，简直不可能有效。结果呢？令人困惑地，这些实践逐渐成为"有效的"，于是被称为"中国经济的奇迹"——虽重要而无法获得理论解释的现象，是谓"奇迹"。

转型期社会里的行为，政府的、企业的、个人的、家庭的，以及任何可能有的人类行为的集合，例如"市场行为""生育行为""宗教行为"，都是"嵌入在转型期社会里的"。这是社会学家的术语，用来提醒研究者，"行为"这一微观现象很可能依赖于"社会"这一宏观背景。

这篇随笔的主旨，如它的标题所示，是探讨嵌入于中国转型期社会的股票市场的行为——微观如"个人行为"，宏观如"公共选择"，凡与股票市场相关的行为，统称"股票市场行为"。又因篇幅限制，所谓"探讨"，充其量就是将探讨所得的印象或结论，罗列而不论证，只为引出更广泛的对话。

这一嵌入于转型期社会的中国股票市场的第一项特征，与成熟市场经济的股票市场相比而言，就是它的"市场风险"（market risk）远远超过了它的"特殊风险"（special risks）。例如，根据我的观察和询问，在中国，市场风险占总风险的比重，大约在70%以上，而在美国，这一比重只是30%，故在美国股票市场里，一套由15项投资工具构成的投资组合，就可有效分摊总体风险的70%，而在中国股市里，不论你用多少项不同类型的投资工具构成你的投资组合，毕竟，你只能有效分摊总体风险的30%，所谓"政策市"，道理也就在这里。因此，"分析"中国股市，最要紧的是对政治局势与宏观经济政策走向及结构的判断。注意，是"判断"，不是"分析"。其次才是对各类"板块"的分析。

嵌入于转型期中国社会的股票市场行为的第二项特征，仍与成熟市场经济的行为相比，是投资行为的普遍的短期性、临时性、投机性，从而偶然因素往往可以决定"大市"的走向。此处，短期是相对于长期而言的时间区间，例如，一年之内，至多两年，经济学家称为"短期"。比这一期间更短的，例如若干月或若干日，称为"临时"，包括了更短期的行为，例如以"当日交易"（day-trading）为主的行为。投机是相对于投资而言的行为动机，二者之间究竟怎样区分，凯恩斯以来尚无定论。不论如何，转型期行为，折现率极高，故以投机为主，是符合"理性选择模型"的经济行为，而以投资为主，反而不是理性行为了。

嵌入于转型期社会的股市行为的第三项特征是股市里流传的各类信息，几乎与流言等价，不由不信又无可确信。这是因为转型期社会尚且不能提供市场机制正常运行的"支撑体系"——独立且可信的会计、统计、审计、法律、公司治理、场内交易、媒体监督、政府部门发布的政策，等等，统统不能获得股市参与者们的足够信任，从而不能提供稳定预期所要求的决策环境和决策基础。后者尤其重要，任何投资决策都要求有足够可靠的数据。如果基础数据完全不能反映企业的基础，那么投资人的理性行为就是将投资转化为投机。

懂得以上三项特征，对于任何试图参与当前中国股票市场的人来说，至关重要，远比关于"技术分析"（technical analysis）和"基础分析"（fundamental analysis）的书本知识更重要。例如，在能够进入任何特定股票的技术分析之前，更重要的是关于股票指数成分股的基础分析和关于"股票指数"的技术分析，因为你面对的市场，它的市场风险占总风险的比重超过了70%，而股指的"走势"，或许能够反映这一市场风险。又例如，对任何"阻力"或"支持"水平的推测，最重要的根据或许不是这一股票市场以往的表现，而是正在参与这一市场的人们当下的心理状况和知识状况。因为，多数行为不是投资性的，而是投机性的。更多的"例如"，留给读者自己去想象吧。

大熊何时到

从1985年以来，几乎每一个波浪理论专家都宣称过"大熊市"的降临，但大熊始终没有出现。事实上，随着最近两年道琼斯工业指数在10 000点水平徘徊而日益明显的另一可能性是："大熊市"在2010年以前不会到来。

图3-2是1971—2001道琼斯指数月线图，比较清晰地显示出美国经济1980年结束"石油危机"（图示"阶段Ⅱ"）以来"阶段Ⅲ"上升浪潮的前三个子阶段："第一浪"的终点是1987年10月的那次股市崩溃，"第二浪"大约延续到1990年下半年才结束，随后开始了艾略特论证过的三个上升子浪潮当中通常表现最强烈和延续时间最长的"第三浪"。

这里，技术上的困难是：如果这个"第三浪"在图3-2的1994—1995年那次"调整"时期就结束，看上去显得不足够强烈，不像是正常的第三浪。如果我们把1994—1995年的调整看作"第三浪"的第一次调整（即第三浪的第二子浪），那么从图3-2不难看到，1997—1998年的

"调整"就意味着"第三浪"的第二次调整(即第三浪的第四子浪),随后的那个上升过程应当是"第三浪"的第五子浪,使道琼斯工业指数从8 500点水平上升到10 000点水平。

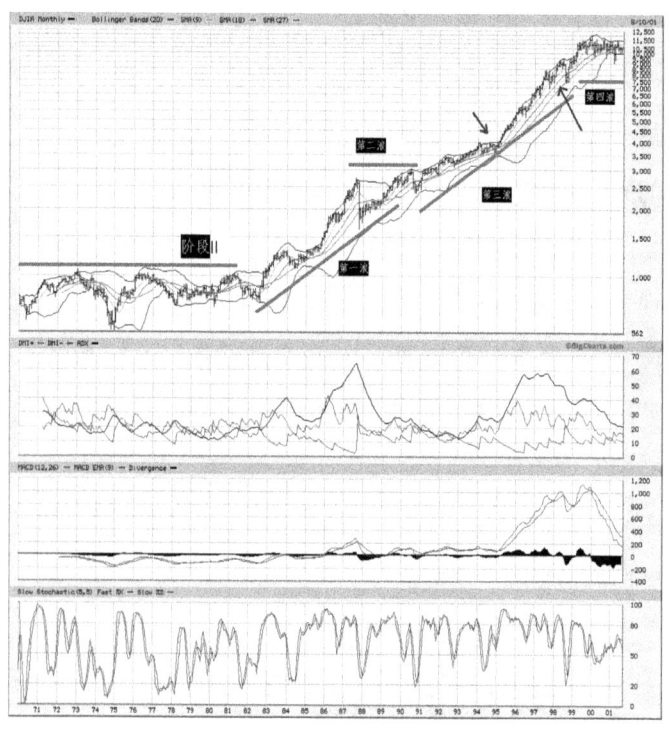

图 3-2 1971年1月—2001年8月道琼斯工业指数月线图

在这之后的两年里,道指在10 000点水平徘徊不前,这一形状如果在2003年以前被突破(不论是向上还是向下突破），就能够有力地支持上面说过的判断，即1999年下半年以来道琼斯工业指数的水平徘徊是"阶段Ⅲ"的"第四浪"，其形状与"第二浪"恰好构成"相异结构"（alternative structure，即如果第一次调整的波形是"闪电"状，那么第二次调整通常就是"水平"状，这在波浪理论中被称为"相异"结构）。

这一判断与广为流传的所谓"阶段Ⅴ的第五浪"（the wave 5 of the wave Ⅴ）之后的"大熊市"预测相左，后者预测的那个"大熊市"需要30~50年的时间才能够完成，因为那是在艾略特的所谓"三百年长周期"当中的一个调整波浪。

让我们从图3-2的时间视角向更长期的视角扩张，如艾略特那样，以整个三百年的"道琼斯工业指数"走势图为分析框架，由于缺乏数据，我们只能把1928年以来的道指走势图打印出来，如图3-3所示。

图3-3为2001—1999道琼斯工业指数月线图，其中显示道指在1960—1980年经历了长达20年的调整，让波浪理论家们争论不休的是，这一大调整究竟是"阶段Ⅱ"还是"阶段Ⅳ"。为了支持"大熊市已经降临"的判断，人们必须把这一调整期视为三百年周期的第二次调

整——"阶段Ⅳ",从而1929年的大萧条就成为这三百年周期的第一次调整即"阶段Ⅱ"。这一假设被称为"第五次浪潮"假说,因为从这里导出了第五次浪潮("阶段Ⅴ")之后的"大熊市已经降临"这一判断。

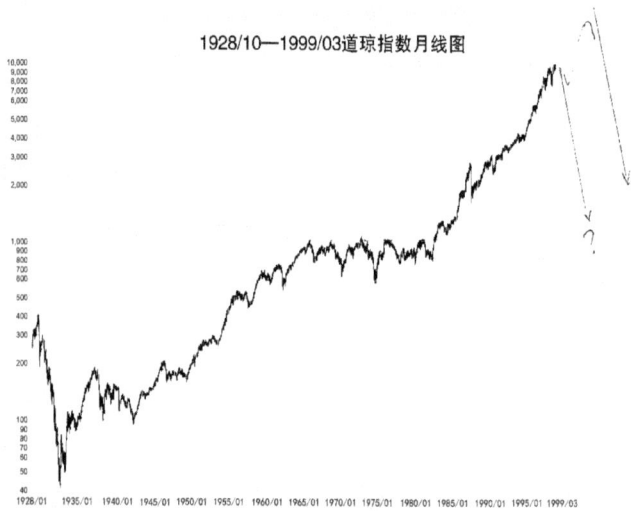

图3-3 1928—1999道琼指数月线图

资料来源:Microsoft Investor,CSI.

但这一假设有三个难以回答的问题:①从图3-3可以明显看到,假如1960—1980年的调整是"阶段Ⅳ"而非"阶段Ⅱ",那么最近的这次上升过程就成为"阶段Ⅴ的第五浪",但这个三百年周期的最后阶段显得太短促，虽然它的力度已经足够强烈；②根据艾略特理论家们公认的看法，第五浪之后的"调整"应当把对象带回到第四浪所在的水平上去。如图3-3所示，若"第五次浪潮"假设正确，"阶段Ⅳ"的水平就应当在道指1 000点左右，而这意味着道指从现在的10 000点水平再跌90%。目前很少专家能够接受如此激烈的判断；③如果所预测的是长期上升浪，人们通常不会追问这个问题，但对于长期下降浪，由于下降浪比上升浪猛烈得多（为完成同一幅度的变化，前者所需时间仅为后者的1/2），人们便要追问这一猛烈下降的基本原因了。这就是为什么对于下降轨迹的技术预测总要结合着对基本面的分析才有足够说服力。"第五次浪潮"假设必须回答的问题是：未来几年内会发生什么样的全球危机能让道指从目前的10 000点水平跌至图3-3所示的1 000点水平呢？

现在回到我坚持的技术假设——1960—1980年的调整是"阶段Ⅱ"，在这一假设下，如图3-3上第二个箭头所示，道琼斯工业指数大约还有8年左右的上升期，需要达到约20 000点以上的水平，然后再进入"大熊市"。这样，三百年周期的"阶段Ⅴ"便显得足够强烈和长期了，而这一充分的上升阶段便足以令人信服地接受随后降临的半个世纪之久的"大熊市"。①

---

① 原文发表于《财经》2001年8月"双周试刊"。

我关于中国房地产问题的初步看法

早晨听到任志强在窦文涛的节目里发表的见解，有正确的，也有不假思索就随意发表的。但他对央企参与竞标并在两会之后立即拍出三块"地王"一事的评论，引我想到更多的事情。总之，有了这样一种看法：中国房地产泡沫的形成，现在或将来，可以基于下面我要描述的中国机制。

关于房地产价格的经济学原理不会改变：任何地方、任何时候，对地的需求永远是对最终住房的需求的派生需求。也就是说，没有住房需求，就不可能有对住房用地的需求。这就意味着，正常情况下，当派生需求导致地价上升时，一定是需求方想象中的最终住房需求的移动将导致住房价格的上升。不过，这一（事前的）想象可能系统性的错误，于是形成"泡沫"（事后的）。这些都是"正常情况"，我希望探讨的是"中国情况"。

导致房价高涨的，首先不是派生需求，而是最终需求。改革三十年，前二十年比较正常，普通人分享改革开放的好处。后十年极不正常，几乎将二十年经济发展的好处尽数收入少数人的腰包。国际比较，通常是最富的20%人口占有80%的财富，我们这儿最近十年的情况很可能是最富的5%人口占有90%的财富（由于没有真实数据，请不要引用我的文字）。收入分配长期维持强烈不平等状况导致财富分配不平等的迅速累积，于是有了最近几年的商品房价格狂涨。要知道，假如你的财富以每年25%以上的速度积累，那么每年以15%的速度上涨的房价，对你而言相当于每年以10%的速度下跌。况且，你打算怎样保存你的迅速增长的财富？根据资产管理的常识，1/3财富应当以不动产形态存在，1/3财富应当以外币形态存在，其余1/3可以是流动性高的股票或本币现金。我倾向于相信，首先是这些家庭的财富效应（即财富增长过快导致的不动产投资冲动），其次是这些家庭的购房行为诱致的模仿效应，再次是改革之前长期实行社会主义"大锅饭"制度时养成的攀比效应。最后这种效应被下面的因素极大地强化了：由于中国革命在近百年的时间里基本摧毁了贵族意识以及任何社会分层意识，让我们全体处于"无差异"的平面上，谁也不认为应满足于比他人更低下的生活状况。

最近几年进入房地产市场疯狂买地的国有企业，确实可能是推高地价的另一因素。因为，国有企业的管理者，不论因为何种理由，他们的偏好（即关于世界万物的重要性的主观排序）必定与私人企业管理者的偏好相当地不同。例如，我们不难推测，假如采取"英式拍卖"的方式竞标土地，那么，以国有企业的偏好，更可能发生"赢者受诅咒"现象。但对于国企管理者来说，这不算是一种诅咒，因为，他们不很在乎银行贷款出现坏账。不是吗？我们的银行对民营企业和对国有企业，约束程度完全不同。

房地产市场可引入地价补偿拍卖机制

在国内房地产市场的论争中,地价与房价之间的关系,既有实践意义也有理论意义。在理论上,房价(土地产出)是地价(地租)的决定因素,而不是相反。不过,这一判断是以假设"成熟和稳定的房地产市场"(信息免费和预期均衡)为前提的,未必适用于转型期中国的房地产市场。在实践上,我们只是倾向于相信这一看法:土地拍卖价格的攀升不是商品房价格迅速攀升的决定因素。但是,支持这一看法的各种研究报告并未认真考虑过商品房价格预期对土地拍卖价格的影响。不论是根据资产定价公式还是根据对未来价格的合理预期公式,都不难推测,地产商对房屋建成后的售价预期对地产商对土地拍卖价格的预期是有重要影响的。

如果我们放弃"成熟和稳定的房地产市场"假设,那么,我们就应当慎重对待地价与房价之间关系可能具有的各种情形。在这些情形的一个极端,土地拍卖价格完全不受房价预期的影响。而在另一极端,土地拍卖价格与房价预期相互作用最终使房地产"波动"转化为房地产"泡沫"。地方政府拍卖土地时追求土地收益的最大化，地产开发商则追求商品房收益的最大化。这两类最大化行为往往相互强化，很可能推动房价与地价轮番上涨。

假设过去若干年内，房地产市场的真实状态更接近上述的土地价格与房价预期密切作用的极端，那么，我们建议，在地产拍卖与商品房最终售价之间引入一种新的拍卖机制——在开发商预期的购地成本与预期的售房价格之间生成"负反馈"激励。我们倾向于相信，这一负反馈机制的引入，将极大缓解房价与地价竞相标高的情形，而且，这一机制远比用行政手段直接干预房产价格与地产价格更有效。凡懂得市场机制的优越性的人都会懂得，行政干预诸手段的致命弱点在于局外人难以获得关于房地产开发真实成本的信息，并因此而强化了权力寻租过程。

具体而言，我们建议的拍卖机制相当于明确地实施一种"两阶段博弈"。在第一阶段实施的是按常规定义的土地拍卖机制，拍卖土地所得，由政府保管并披露相关信息。在第二阶段实施的，是旨在将商品房价格与开发商真实成本（假设为"私人信息"）挂钩的拍卖机制——根据商品房真实售价（P）与同类商品房平均售价（AP）的比例关系，从政府保管的土地拍卖所得中，给予该开发商与降价幅度成正比的"土地补偿金"。在设计这一机制时，关键的环节是"同类商品房平均售价"（AP）与"补偿比例"（R）这两项参数。

假设我们不知道开发商的真实成本但知道真实的商品房售价P以及参数AP，那么，理论上，我们可以选择正确的R，诱使开发商竞相出售较低价格的商品房，为了获取足够大的土地补偿金。这是对于市场价格的扭曲，为了利用昂贵的私人信息。关于市场竞争导致边际定价的经济学原理表明，只要土地补偿金足够大，只要房地产市场的进入壁垒足够低，开发商之间就会产生竞争，从而这一机制就将诱使商品房按照边际成本定价和出售。

例如，根据经济学常识（见图3-4），假设每一块土地都有特定的区位优势并假设该地块的开发商供给数量固定的住房，即"固定供给"假设（供给曲线为一垂直线），再假设开发商知道对该地块住房的需求曲线，假设为一向下倾斜的直线，则可假设开发商知道均衡的市场价格——由需求曲线与垂直供给的交点决定的价格（例如，每平方米 P 元），那么，当我们假设地块拍卖是充分竞争的，并假设开发商知道自己建造住房的单位成本，此处假设等于边际成本（$MC=AC$），则开发商在拍卖过程中随时可以计算出自己的单位利润——从 P 减去分摊到每一单位住房（每平方米）的地块价格与 MC 之和。当单位利润转为负值时，开发商退出竞拍过程。一个设计合理的有效率的拍卖机制应将这一利润（与总量的乘积等于土地租金）最终转移给土地所有者，也就是转化为"土地拍卖收入"，并且由 MC 最低的开发商获得这一地块。土地补偿金相当于由政府向 MC 最低并获得地块使用权的开发商承诺返还分摊到单位住房的地块价格的一部分，从而使住房建造成本最低的开发商有利可图。由于 MC 是私人信息，所以，土地补偿金的经济职能是防止开发商之间串谋。换一个角度说，如果信息是免费的，则亨利·乔治和孙中山先生鼓吹的"涨价归公"（即图3-4"租金"归政府）的政策是有效率的。如果信息是私人的并且很贵，那么，土地补偿金或许是以较低成本利用私人信息的正确方式。

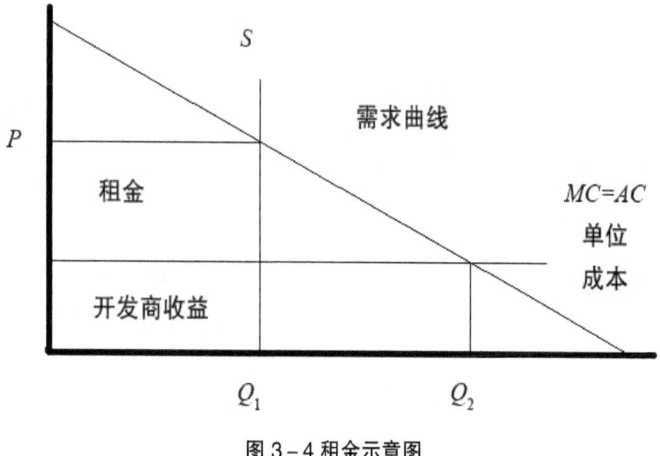

图 3-4 租金示意图

最重要的是，引入这一机制可以抑制房价与地价的轮番上涨趋势。这种"轮番上涨"，很可能是因为我们既缺乏激励机制来抑制地方政府在选择拍卖机制和实行土地拍卖时的收入最大化行为，也缺乏激励机制来抑制地产开发商将可能发生的"胜利者诅咒"（winner's curse）转嫁给商品房购买者。

换一个角度看，我们建议引入的这一负反馈机制，其实是把拍卖土地的地方政府与拍卖房屋的地产开发商视为同一利益群体——调查表明，土地和房价升值的大约30%由地方政府占有，大约50%由地产开发商占有，只有不到20%的部分由消费者占有。因此，这一机制的政治经济学实质在于,从"地方政府－开发商"利益群体转移一部分利益给商品房的购买者。但这一利益转移很难由行政干预来实施,任何直接的行政干预都会压抑市场的活力,并因此而成为弊大于利的双刃武器。关于防止串谋的机制设计理论表明,只要补偿金的诱惑足够大,开发商之间必定可以产生利益冲突,从而,消费者必定可以从开发商之间的充分竞争中获益。

当然,这一机制在实施时遇到的困难,与机制设计理论能够提出的任何机制一样,会遇到比在理论论证时大得多的困难。例如,设计和实施商品房拍卖机制,需要确定最可能形成竞争性(足够"厚"的)拍卖市场的商品房的单位面积和质量标准(即"AP"和与AP对应的房屋标准),十分类似于"做市商"(market-makers)在期权交易中努力要确定对应于市场"厚度"最大的那些价格与标准。道理很简单,市场太"薄",也就是说,价格能够代表的资源的"量"太低,以致价格毫无意义。为什么房屋的市场很薄?经济学解释是,如果房屋可以像大豆那样标准化,则房屋市场就可以像大豆期货市场那样厚。然而,房屋提供的服务很难被标准化,例如,地理位置、外形设计、室内格局、楼层与空场的安排、楼内与周边的服务设施（包括学校和医院）的质和量，以及诸如此类的其他因素。所有这些因素，可以使房价千差万别从而使"AP"完全没有意义。但这一困难绝不意味着不可能实施这一拍卖机制。在某种程度上，西方各国已经普遍实施的政府采购拍卖过程，十分接近这里建议的拍卖机制。没有人会相信美国国防部通过公开招标采购的任何一批军用设备，其服务是可以像大豆那样标准化的。事实上，为寻找更合适的"AP"，在政府采购和公司采购中，专家建议采取"两阶段"逆向拍卖机制——第一阶段的竞拍的优胜者，通过第二阶段的更细致的谈判过程寻求最佳的"产出-成本"匹配方式。这里应强调的一个假设是：政府永远不可能以比各种拍卖机制更低的代价来利用企业的真实成本信息。事实上，企业的真实成本只能是私人信息，不能是公共信息。否则，市场经济就会整体失效。孙中山先生当年鼓吹亨利·乔治的"涨价归公"土地政策之所以不能成功，原因在于，私人信息转化为公共信息的成本实在太高。因此，引入拍卖机制是维护和改善市场经济效率的重要途径，所谓"市场设计"——经过了仔细设计的市场，可以更加有效。例如，以图3-4的情形为例，在理想条件下，理性设计的市场机制可能提供社会最优的住房供给量Q_2，而不是竞争垄断的供给量Q_1，横轴上Q_2右方的消费者，属于只应当租房而不应买房的群体，Q_1与Q_2之间的消费者，由于垄断竞争的均衡是Q_1，故成为"应买却买不起房"的群体。

近年来静悄悄地发展起来的参与"集体建房和集体拍房"的弱势群体的实践，是我们将上述拍卖机制引入房地产市场的良好借鉴。例如，据《广州日报》报道，广州钢铁厂试行"单位自建房"——相当于从房价中扣除土地成本——在邻近地铁站的区域，一个花园式的小区，平均每平方米的价格不过2 050元。单位自建房运动未必是最有效率的资源配置方式，但这一案例表明，一旦截断了开发商与地方政府竞相标高地价和房价的正反馈联盟，在不含地价的前提下，房价可以降低50%（假设广州市的平均房价为每平方米4 100元）。

根据这些企业和群体的极初步的实践，我们可以设想，例如，某地政府在拍卖某一地块时，在互联网上公开展示在该地块上应当建成的房屋及各类设施的规格、质量、验收方式，以及最重要的，土地补偿金与商品房价格之间的挂钩方式（即参数R可能的变动范围）。然后，潜在的开发商竞争给出第一轮标的出价和相应的商品房预期售价。若干轮竞标之后，仍留在场内的开发商，进入第二阶段谈判。这一阶段的谈判应当给出土地补偿金、AP，以及预期可以确定的参数R。最后，政府向社会公开谈判结果。可以想象，由于补偿金的作用，这一机制将使房价明显降低——相当于将一部分地租从政府转移给住房消费者。故而，政府应对购买了这一地块上的商品房的业主开征物业税和收取地租（参阅下述第三类困难）。

我们建议的拍卖机制，在实践中可能遇到的第二类困难是，中央政府必须借助足够强力的行政手段，才可能使地方政府将拍卖土地的收入的足够大的部分转化为土地补偿金（依赖于R的选取）。这一行政手段显然是必须使用的，因为它无非是为了抵消地方政府与开发商之间形成共谋而不得不付出的行政努力。在实施中，由于地方政府与地产商之间已经结成的默契关系，中央政府的这一努力可能遇到很大的困难。为消解地方政府与开发商之间的默契关系，与国土资源部相对应，可建立独立于地方政府的土地开发验收部门并将这一部门的职权任免与业主社区委员会的事后评价联系起来。

我们建议的拍卖机制在实践中可能遇到的第三类困难是土地补偿金与长期社会发展之间的关系问题。根本的看法是，这一问题应通过具有道德合法性的公共选择机制来求解。权宜的看法是，假设城市土地总面积不变，那么，本期拍卖的土地所得，不应全部通过"补偿金—房价"渠道返还给消费者。理由很简单，未来新增加的城市人口对城市土地拥有同样的权利。因此，理解和引入在现存人口与未来人口之间配置土地利益的政治经济机制，是必要的。就目前状况而言，假设土地补偿金的上限是土地拍卖的全部所得，那么，政府应在商品房出售之后，每年向房屋所有者征收"物业税"（property tax）和"地租"（leasing fee）。前者通常纳入地方政府岁入，后者通常纳入中央政府岁入。物业税纳入地方财政的经济学理由在于，各项不动产所需的各项服务主要是由地方政府提供的。地租纳入中央政府的经济学理由在于，未来城市人口有权分享的土地利益，主要是由中央政府以土地"最终所有者"（lease holder）的身份提供的。但是，由于尚未确立具有道德合法性的公共选择机制，上面给出的，仅仅是权宜的看法，它无法对土地资源配置的效率与公平问题提供实质性解答。

在英语学术界讨论过的各种拍卖机制中,与我们建议的这一机制十分相似但仍有本质不同的机制,被称为"两阶段逆向拍卖",这是2002年以来拍卖理论家提出来的更复杂和更适合现实情境的拍卖机制之一,它通常被用于政府采购,也应用于公司采购。所谓"逆向"拍卖,特指当拍卖者是需求方而竞标者是供给方时的拍卖。当供给者是地产开发商时,采取逆向拍卖机制可以强化开发商之间的竞争从而将更多利益转移给房屋购买者。网上逆向拍卖机制自20世纪90年代被引入商业采购实践,引发了采购价格的戏剧性下降,以致当时在美国被视为"即将全面取代传统采购方式"的拍卖机制。2007年8月发表的一篇研究报告表明,由于业界难以习惯在网上招标和拍卖,大约1/4的公司采购是以互联网方式完成的。尽管普及较慢,多数观察者仍对这一拍卖机制的未来发展持十分乐观的预期。

我们建议的"负反馈"机制,在理想条件下,也可以看作是结合了两阶段逆向拍卖的两阶段博弈:阶段一,首先,购房群体——民众——对住房的需求必须通过某种公共选择机制被适当集结,提出欲购的商品房规格,然后,让尽可能多的开发商在互联网上竞标，例如，以威克瑞方式选出若干"入围者"，进入第二阶段——购房群体与入围的开发商关于"细节"的谈判过程，最后确定一家开发商为"中标者"。阶段二，政府审核第一阶段博弈的各项结果，假设中标者提供的房价是验收合格的商品房的最低房价，然后根据上述第三类困难的解决方案确定应向这一商品房项目征收的土地费用。

所谓"在理想条件下"，就是说，首先，我们已经找到了关于第三类困难的解决方案，从而可以直接将土地与地产开发商截然分离——后者只能参与商品房的"逆向拍卖"过程，前者则在民众与政府之间谈判解决。其次，民众的购房需求已经能够借助于恰当的公共选择机制被集结为具有"谈判能力"的需求，从而可以进入"逆向拍卖"程序。须知，这一理想条件是很难实现的。所以，我们建议的负反馈拍卖机制或许有更好的结果。

国内的房地产价格已经成为与"国计民生"密切相关的重要问题之一，但搜索西文学术刊物上发表的利用拍卖机制抑制房地产价格的文章，很可能毫无结果。例如，截至2007年2月19日上午，我在Elsevier服务器搜索所得结果为"0"篇文章（关键词"land"与"auction"）。关于政府采购与逆向拍卖的最新学术论文（关键词"reverse auction"），我搜索得到"25"篇，其中包括一篇中国城市土地使用体制沿革的回顾文章。Elsevier是世界最大出版公司之一，它代理着大约2 000份最优秀的西文学术期刊，它的服务器提供1995年以来发表的和已经决定发表的全部学术论文。显然，基于土地的私有制，在都市地区如何有效配置国有土地，不是西方社会面临的严重问题，因此也不会成为西方学术研究的热点问题。

作为中国学者应当研究的重要问题之一，我们诚恳希望我们的建议可以引发更多的严肃批评。

刚才读到这篇报道：

建设部负责人表示，今年将增加政府指导价住房供应

新华社电：建设部负责人近日明确表示，对满足当地居民自住需要的中低价位、中小套型普通商品住房项目，政府应按照价格法的有关要求，采用"双限双竞"方法确定开发建设单位，增加政府指导价的住房供应。"住房是人的一种基本权利，是一种基本的社会保障。从十多年改革和探索的实践看，仅靠市场机制无法解决住房领域的社会公平问题。"建设部部长汪光焘说。"双限双竞"指的是：限套型面积、限控制性价位，竞房价、竞地价。根据建设部的部署，各地从今年起将多渠道筹集资金建设廉租住房，逐步把覆盖面扩大到低收入家庭。汪光焘同时表示，将改进和规范经济适用住房制度，使各项优惠政策切实落实到低收入家庭。责编：霍筠霞

从口号看，这一政策是很接近我这里建议的机制了。双限，就是提出"规格"；双竞，就是这里的两阶段竞价。

关于"房–地"整体拍卖机制的落实

关于"房–地"整体拍卖机制的讨论,网友"现实的积极旁观者"的批评是这样的:

汪老师,拍卖过程是不是如下?开发商:参与土地竞拍(通过充分竞争,披露自己的最高价格)—交土地转让金—建房—售房(售给谁?政府还是消费者,又仔细看了下,应该是消费者!)—获得补偿金(如果有的话);政府:拍卖土地—获得土地转让金—发放土地补偿金;购房者:登记—购买;中央政府:监管。

"根据商品房真实售价(P)与同类商品房平均售价(AP)的比例关系,从政府保管的土地拍卖所得中,给予该开发商与降价幅度成正比的'土地补偿金'。"

我觉得会不会存在这样的问题:①商品房的真实售价(即房子真正到消费者的手中)怎么实现?②已登记要购买住房的人买不起,怎么办?③如果开发商在房子建成后,公开发售,他以低价自买自卖,既赚到了政府的土地补偿金又可以转手再出售房子,怎么办?或者在公开发售阶段产生您在分析春节火车票时的派生需求，怎么办？

网友"微笑的人"的批评是这样的：

可能和汪教授的分歧就在这里，我觉得实际操作中，只要开发商卖出的房子价格低于可比同类房屋价格，或者低于人们的预期，那就一定存在暗地涨价甚至是寻租的空间。作为强势卖方的房地产商肯定会"兑现"这部分潜在的利润。即使是考虑到同业竞争的因素，仍然可能出现"监管俘获"，导致一部分超额利润流向公共部门的工作人员。也许正如徐平海先生所说，房价问题的根源还在于目前扭曲的公共选择机制，也许任何方案都会被现在的政治生态俘获，变成新的牟利工具。我有些悲观。……其次，我在上篇发言中说了，是"限价"拍卖还是"竞价"拍卖都没有关系，因为最终的结果就是开发商有动机、有能力逃避监管，再将"明降"的价格"暗升"回来。比如下面这篇新闻：

后面留了个小尾巴，说这些"双限双竞"的房子都要一次装修到位，开发商会不会以装修之名狠狠加价？我不惮以最恶的心理来揣测这些既得利益者。

汪丁丁的回应是这样的：

首先，二位的批评都正确，这类机制在中国社会里实施的结果，也很可能如你们预期的那样演化。就悲观而言，我比二位肯定不逊色，因为我素有"悲观主义者"（Charlie Brown）的名声，我甚至在一本文集的封面印了我自己的"查理·布朗"头像。可是，假如我们不打算随波逐流地在中国生活，假如我们预期既有的秩序在我们不参与的情况下将会演变得比我们参与进去更糟糕，我们是否应当作一些诸如此类的事情呢？

其次，二位的批评都涉及这一情况：消费者购买的商品房的价格远低于以往出售的商品房，于是会有"二手房市场"沟通双轨制价格。也正是考虑到这一后果，我文内建议：政府在这一时机开征物业税和土地租金。在以往的实践中，"地租"是以"土地转让费"形式征收的。但是，为抵消"双轨制"房价之间的差异和平抑"二手交易"，我估计，很遗憾但与以往任何改革一样是不可避免的，新房的购买者应支付的税费与他们支付的房价之和，大致应等于以往商品房的购买者支付的房价。非如此而无法逐渐转轨到正确的房价和地价形成机制上来。我没有更好的见解可以不让任何人痛苦而改善我们的社会。请你们考虑实施这一机制的好处——可以瓦解"房价-地价"轮番竞标的"串谋"机制。仅此一点，我以为足够好了。消费者，只能从未来涨价速度极大缓解这一角度考虑，算是长期受益群体。我们这一代人为过去三十年的改革支付的代价，也算是为我们的后代的福利改善支付的吧？世界上从来少见帕累托改善，从来就没有"免费午餐"。

二位还提出了一些细节问题，例如登记之后无购买力之类，此处不讨论了吧。

▶第四篇
把脉中国经济问题

制约中国经济长期发展的两大决定因素是：①劳动抗衡资本的谈判（罢工）机制的长期缺失，②公共的自由舆论对官僚政治与垄断资本勾结而产生的经济政策的抗衡机制的长期缺失。

我对"郎咸平现象"的看法

最近几年,郎咸平是一种现象,转型期中国社会的现象。我的态度,在各种场合表述过,也被转述过,也引发过不少争议。干脆(因一位网友的提醒),我今天就写一篇正式文章,表达我的看法。

我关注"郎咸平现象",是因为它典型地反映了中国社会经济深层问题的积累已足以形成"干柴"效应,也称为"多米诺效应"。我曾撰文介绍格莱诺维特的理论,说明这一效应与社会骚乱的关系。更早,我还曾撰文分析了因医疗服务的长期弊端而积累至危险程度的普遍的焦虑。后者,是我们社会的心理疾病。

郎咸平对中国社会经济的批评,原本与我们的复杂自由主义立场的批评类同。我们不能赞同的,是郎咸平提出的改革方案。他的一系列"救世良方"之更严重的弊端,完全植根于他对政府的盲目信任,更遗憾的是,他从不意识到这一盲目性。

中国的事情往往是复杂的,例如,许多不同派别的学者可以类同地针砭时弊，如同民国初年的情形一样。关键在于，他们为中国社会开具的药方，决定了他们所属的派别。类似的情形，在今天，典型地，是人人可呼吁"改革"，人人可以"改革"为旗帜。关键是，怎样改革？于是显出流派之争。

简单地说，骨子里相信"市场"还是骨子里相信"政府"，这是一块试金石。郎咸平政策建议的基本思路，我们坚决反对。坚决反对，是因为，凡是在中国大陆长期生活并深感计划体制之弊端的中国人，大致都对中央集权有所警惕。而郎咸平政策建议的基本思路，客观上恰好是强化或倾向于强化集权的。我读他的文章得到的基本感觉是，他骨子里相信"乱世用重典"。粗略而言，这一思路有道理。细细品味，难道20世纪中国的百年乱世用的典不够重？关键在于，什么样的典？谁有生杀大权"用重典"？这才是"中国革命的根本问题"。国共双方，早期都参与了"中国社会基本性质问题"的大辩论，为什么？这算是我给"新政治经济学"读者的家庭作业。在这方面（即"治乱世用重典"），我始终认为，没有哪一个人——包括郎咸平想象中的他自己或任何其他人——能超过毛泽东。毛泽东之所以在全党全军具有"卡里斯玛"权威，主要因为他长期的卓越工作，最终中国共产党夺取政权的革命成功了。我们可以容忍毛泽东晚年的许多错误，是因为我们还无法摆脱他的卡里斯玛魅力。

当代中国，毛泽东"卡里斯玛"权威之后的中国，其弊端之大源头，在道德沦丧与官僚政治，而不在"乱世"本身。前者是本，后者是标。郎咸平政策建议的基本思路不仅是治标而不治本的，而且很可能助纣为虐。

回到主题，我关注"郎咸平现象"，因为正是这一现象，表明了中国大众心理深层躁动着的激进情绪。假如，让我们想象我们在一年内实行了真正民选基础上的多党政治，那么，这样普遍的激进情绪很可能成为政见最过激的政党的选票。熟悉民初历史的读者，1912年至1918年之间，我们缺少这样的过激政党吗？我立刻想到的是，无政府主义各流派和保皇党的各分支。这样两极端的激烈斗争，很大程度上解释了20世纪上半叶中国社会政治生活的残酷性。难道21世纪，我们还需要再一次经历这样的激进主义吗？不错，我们的社会记忆，实在太短暂。也因此，我们在复杂自由主义立场上，才必须不断唤醒社会记忆！

网络民主，不错，我也喜欢网络。但网络民主在中国这样的专断政治格局内很容易沦为民主暴政。因为，反正我们没有其他表达渠道。所以，我们不打算批判网络社会的过激党，对他们的行为和表达方式（往往是谩骂），我们充分地理解。但难道这样宣泄之后，世界能好些？空想！自我麻醉！看看那些真正经历过社会变革的复杂过程的朋友们的思路吧。例如，罗小朋，他几年来设想的，是建构一个公共知识分子网络平台，通过认真和自由的对话，寻求公共政策的合理基础。小朋的年龄，或许比多数网络激进分子的父母还要大。与这样的老朋友相比，你们不觉得你们的"年轻"被你们浪费了吗？

郎咸平现象，它反映的是我们大众的普遍的缺乏思考。后者，普遍地表现为阿伦特感到切肤之痛的"平庸之恶"。

湖畔居及相关经济学议题

5年前，我写过一篇文章《杭州，最后的印象》，引来许多争论。其实，任何城市对任何一个人而言的"印象"总是多层次的，随着体验的积累和消磨，这些印象逐渐沉淀，不再是印象了。所以，我必须在5年前写下我对杭州"最后的印象"。在"印象"之后发生的，根据休谟的哲学，应当是"观念"。关于杭州，我现在能够写的是观念——与休谟的看法相反，观念比印象更具体，它们是"上升到具体"的印象。

具体而言，我最初的杭州印象是：西湖以及围绕着西湖的慵懒。随后的几年，我形成的杭州观念是：茶、茶文化、西湖的山水与历史。再具体地，我熟悉了"湖畔居"和"外婆家"这样一些与我在杭州的日常生活密切相关的场所。从哲学角度看，任何一个人对任何一座城市的认识，就是这样逐渐地，从印象而观念而具体化为"我的"日常生活，从而那座城市不再是陌生的，它是我的，是我熟悉的，是对我亲切的城市。

湖畔居是西湖东岸的一家茶馆，开业刚好10年，它的故事引出的关于"茶业与茶文化资源"的经济学议题，在过去几年里始终吸引着我。我这篇随笔，只能写出其中的两项议题和我的大致看法。我写出这些看法是要批评经济学家，也因此超出了经济学，可算是对经济学思维方式的批评吧。

首先，中国经济学家应超越"市场－计划"两分法的抽象争论。例如，杭州的茶业的长期繁荣，与任何"资源密集型"的产业一样，密切依赖于茶的各项资源——山、水、自然环境与文化蕴涵——是否"可持续地"开发与养护。关于"资源经济学"的理论分析表明，单纯的市场竞争并不能保证环境与文化资源的最优配置。这里，最著名的论证是阿罗提供的。他认为人类社会无法引入未出生人口的竞争性的市场，所以，资源的边际价值只能由已经出生的人口的竞争性市场决定。这样的定价机制必定导致未来收益的折现率偏高从而可能导致环境与文化资源的不合理耗竭。所以，既有人口对未来人口的历史责任感势必成为纠正环境与文化资源的配置偏差的重要因素。

湖畔居茶馆目前的产权形式——国有厂长责任制，

以及它的总经理朱家骥先生在湖畔居这一产权形式约束下的10年茶业实践，为我们提供了很好的案例，可与阿罗的理论推测相互印证，引导我们超越"市场－计划"两分法这一简单的思维方式。目前，杭州的茶经济正在市场化的思维方式的误导下迅速地耗竭它的环境与文化资源。尤其是最近两年，西湖沿岸餐饮业和私人车辆的泛滥，不仅使湖面进入"富营养化"状态，而且使三面环山的西湖区域笼罩在大量汽车尾气及日光照射联合作用所产生的"光化学毒雾"的危险之中。可是，我们也知道，任何形式的计划都意味着官僚化的管理，从而可能导致严重的低效率。所以，与中国各地的经济实践者面临的问题一样，杭州茶业的实践者必须寻求"市场"与"计划"的某种最优混合。并且，在寻求市场与计划的最优混合制度的过程中，越是具有长期性的经济活动——例如自然环境与文化资源的合理开发与保护，实践者的历史责任感就越是一项重要因素。

其次——我要表述的第二项经济学议题：中国经济学家应超越"私有制－公有制"两分法的抽象争论。在任何社会的经济实践中，"所有制"或"财产关系"，只是人与人之间关系的许多维度之一，它的重要性是随经济实践的性质而变化的。经济实践越是偏向于文化的和精神的,财产关系在人与人之间关系诸维度中也就越是居于次要位置。

例如湖畔居的产权形式至今仍是公有制之内的所谓"厂长负责制",它甚至还没有过渡到"资产经营承包制"和更进一步的"股份制"。几年来,我对朱家骥先生在湖畔居的日常经营活动的观察使我相信,一套真正优越的产权关系必须与特定人群的行为和情感相适应。

上一议题结尾处我所谓"最优混合",其实是三种监督方式的最优混合。按照产权经济学的解释,任何经济绩效都源自人与人之间成文的或不成文的交易契约的实施,而任何契约的实施都只有三种监督方式。其一是契约各方的自我监督,其二是相互监督,其三是与契约各方无利益关联的"第三方"监督(法院、公共舆论等)。就杭州的茶资源保护而言,由于自然环境和文化资源可持续的合理开发与保护的长期性,基于历史责任感的自我监督和代表社会公益的第三方监督或许是最重要的。而且,当政府陷入了市场化思维方式时,茶业经营者的自我监督就成为最重要的监督方式了。

人人都可以实施自我监督,但人们的道德感和历史责任感可能极不相同，因此任何企业经营者都需要寻求某种"最优混合"。极端而言，企业主管人员可以借私有化之名掠夺公共资源，也可以在公有体制内推行私有化的管理，牟取私利，可伤害合作者的情感，可耗竭长期资源。但湖畔居推行的基于道德自律且适应员工行为与情感的管理方式，与此大不同。

最严重的威胁

"公共领域-官僚政治"与"劳动-资本"两个平衡机制至关重要。

现代类型的社会权威结构可划分为两类——卡里斯玛的（charismatic）与官僚化的。前者特指具有超凡人格魅力的领袖与追随他的大众之间的关系，后者则远比前者更普遍和持久。随着卡里斯玛人物的消失，或迟或早，权威结构将从维系于个人的转变为维系于科层制度的，并总是倾向于官僚化。

考察中国历史，唐初至清末，是政治官僚化程度不断增加的过程。这是"官僚政治"，也是文牍主义的个人努力最小化的科层官吏的社会治理（韦伯）。

长期而言，社会治理的官僚化倾向是对社会创造性最严重的威胁。历史考察表明，导致中央集权社会瓦解的直接原因，无一例外的是"财政枯竭"。因为官僚化扼杀了创造力，从而使政府收入的源泉枯竭。从理论层面分析，官吏们追求的不是公众福利最大化而是个人努力最小化，于是公众福利的改善只能借助于引入越来越多从而越来越繁复的文牍（立法和公共政策）。文牍为官吏设置了既定目标，也因此才可能有官吏个人努力的"最小化"。文牍主义是个体创造性的天敌。

晚近发表的演化理论研究表明，假如存在"独立探索"与"模仿成功"这两种策略，则当群体内越来越多的个体模仿周围的成功者时，长期而言，由于生存环境的不确定性，群体必定消亡。哈耶克曾指出，一个"伟大社会"，它的基本特征是鼓励一切个体在一切可能方向上探索（而不是模仿），于是最大限度地降低了灭种的风险。

政治的官僚化如果与资本势力相结合，就愈加腐败，从而成为社会的死症。目前，中国社会的转型期，为缓解和治疗这一死症，我们急迫地需要建立下列两方面的平衡机制：

在本质性地伴随着现代市场经济的"劳动－资本"关系中，我们懂得，"劳动"的利益诉求与政治表达，不可能长期缺失。尤其在老龄化吞噬"人口红利"的经济发展阶段，劳动在国民生产中应得的份额迅速增加。

政治，如列宁所说，是经济的集中体现。中国未来几十年的政治生活，必须体现劳动者从"自在"到"自为"的转变。也就是说，必须确立足以使"劳动"这一要素能够与"资本"这一要素以合法形式抗衡的政治机制。否则，劳动的实得份额就会严重地低于它应得的份额，从而导致劳动要素在长期内被浪费（低效率的资源配置），甚至导致人口老龄化之后的劳动资源的耗竭——在晚近发表的文献中被称为"人口崩溃"。

在本质性地伴随着现代市场经济的"个人-社会"关系中，如前述，为防止社会动荡，个人的心性诉求不可能长期被社会权威结构忽略。由于，我们懂得，后者在中国未来几十年将主要以"官僚政治"的方式存在，于是，我们知道，前者在未来将主要以"公共事件"的方式冲击我们的社会，如已发生的"孙志刚事件""吉林石化污染事件"。个人情感、家庭关系、社群问题，许多诸如此类的事件，伴随着物质生活，在社会的稳态时期原本不是公共事件，在转型期的中国却屡屡引发公众关注。归根结底，是因为个人权利与官僚政治间的冲突，因缺乏平衡机制而获得了普遍性。换句话说，西方正常市场社会普遍已经确立的基于新闻自由的公共领域，在我们这里不应长期缺失。这就意味着，新闻就应成为"公共的喉舌"。一个社会不可能长期发展并且无视公共领域抗衡官僚政治的诉求。在这样一个公共领域的氛围内，理想地，每一个人不再受任何利益群体及其党派的支配，从而可充分地追求心性自由，并由此开发自己的创造潜力。辅以合适的权威结构，因个体心性自由而激发的创造性，在物的维度表现为"技术进步"，不仅意味着经济的长期发展，而且意味着资源与环境问题的最终解决。

最后，有必要指出："公共领域-官僚政治"抗衡机制的确立，与"劳动-资本"抗衡机制的确立，很可能是同一演化阶段之内两件相辅相成的事情。中国必须避免出现无力抗衡官僚政治与资本势力的局面。①

---

① 来源于《中国改革》2010年第1、2期，出版日期2010年01月15日。

我对温总理经济形势座谈会的批评

"国务院总理温家宝于7月7日、7月9日的表态,平息了对政策转向的种种猜测。在这两天召开的两次经济形势座谈会上,温家宝谈话的要点,是认为经济企稳但基础未牢,因此'必须坚定不移地实施积极的财政政策和适度宽松的货币政策',核心目标是保增长、保就业。"①

感谢一位朋友(不能列名),我读过这些看法的更详细的版本,而且不以为然。因为,座谈会发言的经济学家以及总理本人,很少论及由我们政治经济制度方面的扭曲而产生的必须深入探讨的任何一种货币政策或财政政策的效果。目前我们关注的焦点是信贷扩张。那么,好吧,我们应首先分析的问题,不是西方国家的经验,也不是西方教科书的公式,而是在中国,目前,谁优先支配这些增加的信贷?这些优先支配了扩张了的信

---

① 这一段文字转自《财经》7月20日。

贷的人，他们的活动，有多少成分是熊彼特所说的"企业家活动"？有多少成分是"非生产性的"寻租活动？凡是生活在中国的人，不难自己得到一些远比这些座谈会参加者更平凡且更符合常识的看法。

不妨按照我们的常识推测这些增发信贷的效果吧。我们知道，是企业家的创造性活动而不是行政官僚的命令，提供了就业机会、开发了新的市场、降低了产品的成本从而延缓了物价指数上涨的趋势。如果，新增的7万亿元信贷，主要不是用于扩展企业家活动，那么，我们知道，而且必定会发生，我们将面临通胀压力——这是比较好的结果。更糟糕的结果是，我们将陷入滞涨——成本上升并且失业增加。如果下半年或明年，保增长和保就业的目标仍不能实现，请问我们主要的政策制定者将怎样回顾现在的政策立场？坚持增加信贷？再增加若干个7万亿元？一直到物价上涨的事实摆在桌面上才后悔吗？

真实资产的价格上涨——股票、石油、贵金属和房地产，是任何一个官僚化的经济吸收迅速扩张的信贷的主要途径，未必单纯表现为物价的上涨。不错，我使用"官僚化"这一语词，用来描述那些严重压抑甚至摧毁了企业家活动的经济。与以往的描述不同的是，我在这里不仅指行政计划的体制,而且指任何压制自由创新的资本和市场体制(我称之为"病态的市场"),事实上,二者已结成联盟,至少在中国非常可能如此。只要流动性足够高,那些支配着新增信贷的人可将这笔钱投入股市或房产。通常的情况是,只有收入水平足够低的人群,才会将新增的收入用于消费。所以,资产泡沫恰好说明,目前的刺激政策恶化了收入分配。

继续讨论目前的经济形势。如果我们生活在一个官僚化的经济里,那么,上半年7万亿元的新增信贷,对于曾攀升至6 000点以上的股市和远比股市庞大许多倍的房地产市场而言,微不足道,即便全部吸收到股市之内,再加上"乘数3"的带动效应,也难以支撑上证指数攀升至5 000点以上的水平。

换句话说,当股指攀升到4 000点时,不必加入房地产的价格膨胀,仅根据常识我们即可推测,新增的信贷几乎完全没有被用于就业和效率改善。再换句话说,贫困群体将因无缘参与资产市场和通胀预期的普遍化而变得更加贫困,富裕群体将通过资产投资而变得更加富裕。特别是,如果政策制定者不在乎谁穷谁富,那么,7万亿元不见效之后,可能还有若干次7万亿元,只要物价不涨就继续吧。这样的心态,我认为不仅可笑,而且需要批评。

现在我们可以讨论西方教科书的原理了。货币政策见效的唯一途径,对芝加哥学派而言只在于"惊讶"效应,对MIT学派而言,则另有途径:新增的信贷可能首先刺激有效需求从而缓解了衰退的影响,如果时间安排恰到好处,这一政策可能及时避免经济衰退而且不造成通货膨胀——因为经济活力意味着成本降低的速度抵消了通胀压力。

结论:教科书原理之有效性的前提是,真实的经济不能是官僚化的。

下面的图4-1,来自最新一期的《财经》,说明真实经济增长仍缓而货币M2如此疯狂地扩张。通常,我们预期从中央机构的信贷扩张到物价普遍上涨之间有6个月至12个月的时滞。可以认为,我们现在恰好处于这一时滞的结尾阶段,为何没有物价的普遍上涨呢?因为,时滞的长度依赖于制度。假如[①],普通劳动者的工资并未增加(记住,我们这里没有劳动者的联合组织可

---

① 见本书P45页也提到了。

以展开罢工和工资谈判），假如失业率居高不下（记住，我们的"产业后备军"里有足够多的"农民工"和"下岗人员"），假如信贷扩张带来的个人收入集中在银行业（2008年这一行业的平均收入高达30万元）或金融业（2008年这一行业的平均收入高达16万元）或煤电水气交通邮电这类垄断行业（2008年这些行业的平均收入高达8万元，相当于大学教授的平均收入），假如这些迅速增加的个人收入完全不用于个人消费品的购买（因为他们的生活早已太奢侈，压根儿不会购买国内消费品），那么，除了豪华餐馆的营业额迅速上升，我们不会观察到物价的普遍上升。不论如何，由谁来花钱，是比花多少钱更重要的问题。可是为什么我们的经济学家仅仅讨论花多少钱而不讨论由谁花钱的这一远为深刻的制度经济学问题呢？

如果中国经济不符合教科书原理的基本假设呢？换句话说，如果我们的经济确实已经官僚化了，那么，我们就应警惕任何信贷扩张的经济政策。因为，这类政策的后果更可能地是增加贫富差距的。如果经济繁荣但你更贫困了，或你相对而言感觉更贫困了，你觉得幸福吗？如果一个社会的收入分配，根据目前状况推测，受经济政策的影响，80%的人的幸福感下降，这政策还能坚持下去？坚持这一政策的人还能侈谈"经济学家的道德"？

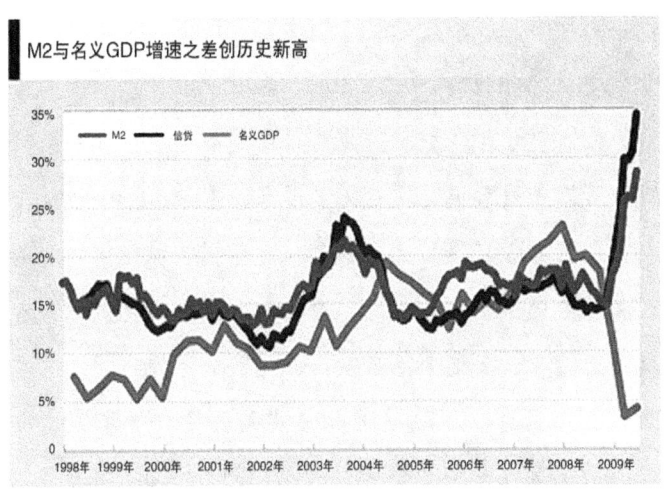

图 4-1 1998年以来M2、信贷及名义GDP同比增速走势

以后再写吧。不过，对于愿意深入阅读的朋友，我推荐他们读罗素的早期著作《社会改造原理》，那时，他批判世界战争（第一次，以及将来的第二次），希望改造资本主义社会的政治制度。下面这段，是他这本小册子的一段文字，很接近我的看法：

……不论是帝国主义者、急进派或社会主义者，仍然继续不断地几乎倾全力于人的经济愿望，好像只有它们是真正重要的。

在评判一个工业的制度时，不论是我们生活在它下面的或者是改革者所倡议的制度，有可以用来检验的四个主要标准。我们考虑这个制度能否保证：①生产的最低限度或②分配的公平或③生产者有一个可以忍受的生活，或④对于生命力和进步有可能发最大自由和刺激。我们可以一般地说，现在的制度只注重于第①个目标，而社会主义者注重第②、第③。有些拥护现在的制度的人会辩论说：私营企业比较企业如归国营能更好地促进技术的进步；在这个范围以内，他们认识到我们所列举的第④个目标。但是他们只注意到商品和资本家这一边，而没有注意到工资劳动者那一边。我相信4个目标之中，以第④个最为重要，应该注重再次，但现在的制度对于它是致命伤，而正统的社会主义可能证明是同样的致命伤。

中国经济发展的正常与非正常阶段

建立由劳动者自行维护其权益的劳动工资政策、由消费者自行维护其权益的教育和公共卫生政策以及对相应的政府部门实行彻底的职能转换与改组。

当前,中国的经济与社会发展正处于人口学家所谓"人口红利耗竭"的阶段,这一阶段的特征由图4-2最上方的第二条垂直线即"对劳动力的需求"显示出来。因为,对应于这一垂直(短期)需求的,是向上弯曲并迅速攀升的劳动力供给曲线,并且如图4-2所示,第三条需求曲线不再是垂直的而是由开放程度与国际市场决定的向下倾斜的需求。

在正常的经济与社会发展阶段,这样迅速的供求关系变化及其变化方向的转变,被称为"发展的转折期"。中国的问题在于:首先,尚未确立与发展转折点相适应的制度;其次,尚未达成经济学的理论共识,以适应和指导这一转折期的政治经济政策。

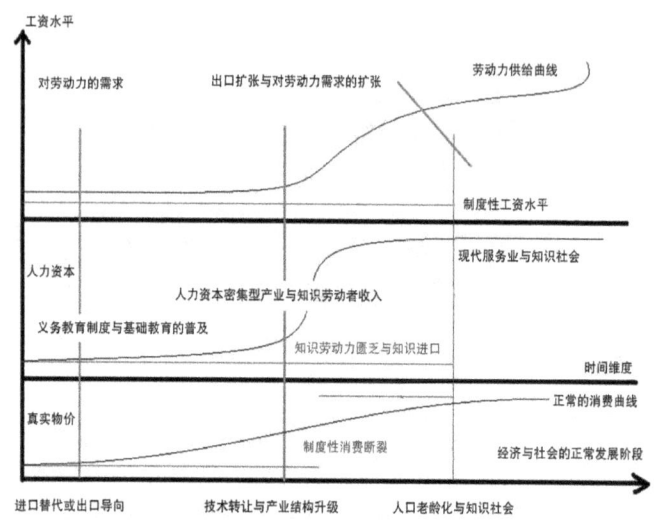

图4-2 经济与社会发展示意图

一方面,应达成理论的共识。这一共识或许可以下列基本事实为前提:

(1)在2003年以前,中国经济与社会的发展大致表现出教科书经济学所谓"正常发展"的第一阶段和第二阶段的特征。如图4-2最下方的"正常发展阶段"维度所示,第一阶段的经济发展策略通常被称为"进口替代型"(拉丁美洲模式)以及"出口导向型"(东亚模式);第二阶段的经济特征则可由"钱纳里-赛尔昆"统计分析与大国模型中的"产业结构升级"表达,内含于这一阶段的，是伴随着"外国直接投资"规模扩张的技术进口和国内技术吸收能力的提高。注意，图4-2同一维度内，正常的第三发展阶段以"人口老龄化和知识社会"为特征，伴随着（人口老化时期的）总量消费水平的攀升及真实物价的攀升。

（2）与正常发展阶段相适应或作为其核心驱动因素的，是人力资本的积累过程。如图4-2"时间维度"所示，第一阶段的特征是公共财政支持下的义务教育制度的确立和基础教育的普及；第二阶段的特征是人力资本密集型产业迅速成为经济的主导产业，在这一转折期内，由德鲁克和加尔布雷斯定义为"知识劳动者"或国内经济学家所谓的"高级蓝领"的收入水平，迅速攀升。注意，同一维度内，正常的第三发展阶段以福克斯定义的"现代服务业"为主导产业群。

（3）旨在为中国经济提供"人力资本"的两大部门——教育与医疗（或更广义的"公共卫生"），由于未能及时实施"体制转换"，因而无法提供或保养正常发展第二阶段和第三阶段所需的大批"知识劳动者"。与此同时，中国经济的国际贸易依存度仍在迅速攀升。

我认为，上述第（3）事实所列两方面的因素，诱发中国经济进入或即将进入一个可称作"知识进口"的非正常发展阶段，否则我们将难以维持这一经济的"快速增长"。又由于政治和社会体制的因素，经济的增长速度不应突然下降。于是，我们将不得不实行基于商品贸易顺差的"知识进口"策略。具体而言，就是进口国外知识密集型的劳务——高级管理服务、高级研发服务、高级医疗服务、高级教育服务、高级社会与其他咨询服务，等等。根据我的观察，大约2003年以来，"知识进口"已经发生了。

另一方面，基于足够多经济学家的共识，尽管中国人口学家早就警告过，中国人口的老龄化高峰必定发生于2010—2025年期间，但主要由于意识形态的、经济学家群体的、政府职能的、政治体制的以及社会历史的诸多因素，绝大多数普通劳动者至今难以遵循正常的劳动力供给曲线获取劳动报酬，他们的劳动报酬仍被"制度性地"维持在"兰尼斯-费景汉"模型所刻画的"制度工资"水平，即图4-2最上方维度内的水平直线。

与此同时，具有极高国际贸易依存度的中国经济已经进入上述正常发展第二阶段，并产生了对人力资本含量高的劳动力（高级蓝领）的巨大需求，从而教育和医疗的真实价格迅速攀升。这两方面因素使得普通劳动者的家庭迅速丧失了支付其子女教育和医疗费用的能力，从而丧失了进入正常的经济社会发展第三阶段的资格。

普通劳动者的上述状况，直接造成了国内市场若干年以来的所谓"消费不振"，及由李实等人定义的"选择性贫困"家庭随着人口老龄化和社会保障的缺失在城市地区的蔓延。另一方面，包含了外资企业代表、民营企业家、高级管理者、政府官员、"腐败分子"及其家属等成分的"高收入阶层"，在过去十年内培育了对进口商品和奢侈品的引人注目的需求。

以上两方面因素，使得中国经济的总体需求表现出显著的"断裂"，我称之为"制度性断裂"，由图4-2最下方的维度的两条绿色水平线表示——对应于"人口老龄化与知识社会"的消费水平的绿色直线仅代表高收入阶层的消费，另一绿色直线则代表低收入阶层的消费水平。事实上，不可能存在这样的整体消费，这两条绿色直线表达的，是两类相互隔绝的消费品市场及其价格水平，其一由进口物品组成，另一则由国内物品或"出口转内销"物品组成。如果我们可能对上述各项看法达成经济学理论的共识，那么，相应地，我们就应提出可由劳动者自行维护其权益的劳动工资政策——包括真正的劳工组织对经济政策和社会政策的积极和切实有效的参与，我们还应提出可由消费者自行维护其权益的教育和公共卫生政策——包括取消所谓"公立"教育和"公立"医院对市场的垄断和特权，以及对相应的政府部门实行彻底的职能转换与改组，应将其改组为可最大限度地被置于公众监督之下的对应于这两类服务的"社会政策委员会"。

制约中国经济长期发展的两大决定性因素

其实，这标题是我在阿里巴巴－枫林晚演讲的标题。我午饭后再来写这篇博客。最近一个月，我一反惯例，在各种全国性报刊发表了五篇文章，讨论"劳动工资问题"和"劳动与资本问题"。我所谓的两大决定因素是：①劳动抗衡资本的谈判（罢工）机制的长期缺失，②公共的自由舆论对官僚政治与垄断资本勾结而产生的经济政策的抗衡机制的长期缺失。

在以上两种机制长期缺失的情况下，中国经济的长期发展是不可能的。为什么政治体制改革不可能长期地滞后于经济体制改革？基于同样的理由或原理。政治领袖们，谁敢于长期违背这一原理？既然不敢，为何听任官僚机器追逐私利胡作非为？

图4－3转自《伟大的中国经济转型》英文版第五章。人口红利在1982—2012年是正的，而在2013—2050年是负的。负的人口红利意味着每年拉低人均收入增长率的5％，连续36年，除非人口政策产生新的冲击，

例如，允许或鼓励多子女的生育政策。我关于人口和新增人口的外部效应的文章交给《IT经理世界》发表，应在2月或3月吧。根据我在那篇文章里引用的资料，每一新生儿，可导致三倍于他带给父母的外部效用，因此，鼓励生育政策的上限，应由政府支付新生儿父母相当于主观效用的三倍的奖励。不论如何，现在，我们必须假设人口政策没有任何改变，在这一假设下，我假设2050年中国人均收入是日本的1/3（下限）或2/3（上限），据此，由逆向推演至2006年（我手边真实数据的最后一年），我们可以估算人均收入应每年增长多少，我的结论是：每年，中国人均收入增长率减去日本人均收入增长率应不低于6.5%，连续35年。长期而言，日本经济可假设每年1.5%的增长率，那么，中国的，就是8%，这是长期而言不可持续的速率。于是，逻辑上，要么，我们多生孩子，这是很困难的事情，大多数我询问过的年轻人都不愿意多生孩子。

如果大家都不打算多生孩子，那么，大家愿意在2050年享有远低于日本人均收入1/3的生活水平吗？增长理论关于"赶超"的研究很多。重要的结论是：经济增长的三项最长期要素——"人口""自然资源""技术进步"，后两项是人口年轻程度的函数。因为，自然资源和技术进步都是人类知识的函数，而知识的进步，主要依赖于受过良好教育的年轻人口占总人口的比例。人口老龄化之后，赶超就将停止。韩国人均收入至今仍是日本的1/3，新加坡是日本的2/3，而日本至今没有超过美国。这些都是人口老龄化之后的定局。

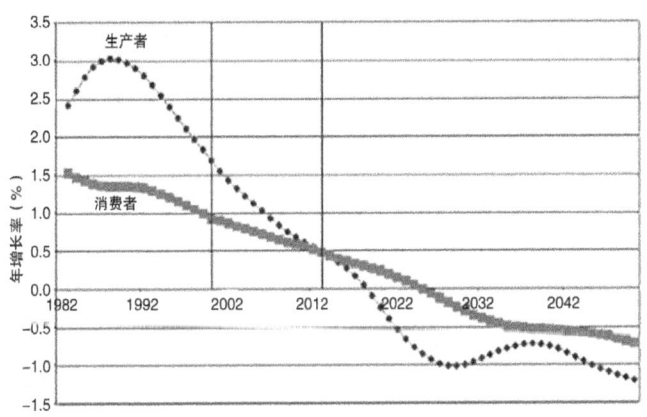

图4-3 有效生产者和消费者年增长率，1982—2050年

现在修改我们的假设，如果大家不同意远低于日本人均收入1/3的生活水平，那么，唯一可信的发展路径是人力资本投资。也就是说，教育和医疗的超常规发展。或许，这一路径可能支持这样的人均收入增长率：从2014年到2050年，大约35年内，每年工资增长8%或更

高。这样的长期增长,无通货膨胀,只有靠劳动力的人力资本含量的极大增加才可能维持。

下面贴的,是"金融40人论坛"发给我的1月18日内部报告的一部分:

关于我国财税体制改革的思考,我们的观点:让财税体制改革担起结构调整重任。1月8日下午,时任中共中央总书记胡锦涛在主持关于世界主要国家财税体制和深化我国财税体制改革的第十八次集体学习时强调,要想保持我国经济平稳较快发展,就必须深化财税体制改革,完善公共财政体系,提高财政管理绩效。2010年伊始,中央最高决策层首先强调财税改革,凸现了政府在新的一年推进结构改革的决心和努力。深化财税改革的原因在于我国财政虽然能独善其身,但对于当前经济中一系列结构失衡问题不能发挥积极调节作用。为了更好地让财税体制服务于中国的经济结构转型,我们认为需要重点推进以下几项工作①取消各种类型经济开发区内对工业企业的税收优惠和减免政策,避免因为税收政策差异加剧产业结构失衡;②提高个税起征点、开征财产税并且逐步地过渡到以所得税为主的财政收入结构;③提高科教文卫支出占财政支出的比重,减少行政机构自身的费用开支;④降低出口退税,减轻财政负担。此外,财税体制改革过程中需要努力实现预算体制公开化、透明化,加强公众监督。

经济增长的重要因素

中国经济未来的增长率,关键性地依赖于受过良好教育的年轻劳动力占人口的比例。因此,应鼓励较高教育程度的家庭多生孩子。

如哈耶克《复杂现象论》阐释的那样,大量的遵循简单行为规则的微观个体,它们之间复杂的相互作用所呈现的,是社会的宏观秩序或简称秩序。

假如我们的经济正在增长,假如我们的行为——不论是投资行为还是消费行为——充分地理性,那么,我们预期中的经济增长率的增加将诱致更多的投资和消费,从而有助于我们预期的经济增长率增加幅度的实现。类似的原理也适用于楼市和股市,香港人谓之"追涨杀跌"策略。这一策略在中国市场里实施,根据我的观察,确实可以比"逆反策略"有更高的收益。或许,中国社会的风险规避类型及其心理结构更多的是"趋群性"而不是有利于逆反策略的"趋个性"。

总之,普遍可见的现象是这样的:当我看到股票价格持续上涨时,我预期股票价格将会持续上涨,于是我开始购买股票。当许多人都如我这样行动时,股票价格将持续上涨,于是我的经验支持我的预期。这样的基于个体预期的价格上涨和最终产生的"泡沫"及其爆裂过程,被耶鲁大学的金融学家希勒称为(就这一群体而言的)"非理性癫狂"。这样一种癫狂,它的社会心理结构,就中国人而言,有待于更深入的观察和想象。我的初步推测是,它与中国人的两种心理状态密切相关。其一是人生陷入困境时的赌博心理(冒险),其二是为家族传宗接代而必需的保险心理(从众)。这两种心态都可能产生群体癫狂。

经济增长率,于是可成为协调博弈的共同信号,它的变动可能改变社会预期,产生强烈的外部效应。根据乘数原理及相关经验,我认为,在中国社会外部效应大约是内部效应的三倍或更高。

当经济增长放缓时,乘数原理意味着存在反方向的预期和外部效应。也就是说,如果我们预期增长率将下降并据此调整我们的储蓄和投资行为,那么我个人投资的减少将诱致这一减少幅度三倍左右的投资总额的减少。当然,若我的个人投资原本是与其他人的投资活动密切相关的，则我的投资原本就会因他人投资的减少而减少。所以，乘数原理的有效性，依赖于投资活动在社会生产整体过程中的位置。一般而言，越是靠近生产过程开端的投资，乘数效应越显著。

一个新生儿的降生，可以说是一项新的投资和消费的开端。所以，新增人口的乘数效应最显著。特别显著的效应，往往是理性行为主体可以预期的事情。一般而言，经济的持续增长引发未来家庭收入持续增长的预期并诱致新的生育行为。统计表明，在主要由母亲的教育程度决定的生育意愿的限制下，经济增长率与人口增长率之间呈现正的相关性。

可是，女性的生育意愿随教育程度的上升而下降，而女性教育程度随人均收入的增长而上升。所以，统计表明，收入水平的长期上升与生育率的长期下降，二者显著地相关。

人口学家熟知的"生育率迁移"，大致可分三个阶段：第一阶段以高出生率和高死亡率为特征（从而人口可以保持零增长率），第二阶段以死亡率持续降低和依旧保持着已成为社会习俗的高出生率为特征（从而人口持续增长以致形成"人口爆炸"），第三阶段以低出生率和低死亡率为特征（从而人口可以保持零增长率）。

第二次世界大战以后"第三世界"的发展问题，无一例外地是生育率迁移的第二阶段所谓"人口爆炸"而引发的经济、政治、社会和文化问题。由此而有的"发展经济学基本问题"是：怎样在生育率迁移的第三阶段之前，将生育率迁移第二阶段的新增劳动力尽可能地转换为新增资本存量，从而在人口老龄化阶段享有足够高的劳动生产率和人均收入。

由于20世纪上半叶的长期战乱，由于"大跃进"和"人民公社"运动之后的严重饥荒，又由于在稍后大约20年内实行的严厉限制生育政策，中国人口过程包含着远比正常人口过程更强烈的代群效应。现在的80后，他们的父母是20世纪60年代的那一轮生育高峰期出生的。接着发生的，是一个限制生育的时期，那时出生的孩子，是今天90后年轻人的父母代。这些受过良好教育的劳动力，根据晚近发表的罗斯基和帕金斯"2025年中国经济增长预测"，是未来增长的最重要因素。

也就是说，中国经济未来的增长率关键性地依赖于受过良好教育的年轻劳动力占人口的比例。这一结论的公共政策含义是：第一，鼓励生育；第二，鼓励教育。

这两项鼓励政策的综合是：鼓励较高教育程度的家庭多生孩子。因为，每一个这样的新生儿将产生的社会效应是他的家庭效应的三倍。

▶第五篇
市场为什么选择我们都不喜欢的结果

市场竞争的两难困境是：为短期生存所做的选择，长期而言将使生存资源全部耗竭，但短期内不如此选择就无法生存。

市场为什么选择我们都不喜欢的结果

市场竞争的两难困境是：为短期生存所做的选择，长期而言将使生存资源全部耗竭，但短期内不如此选择就无法生存。

标题，我是照抄了盛洪许多年前关于公共选择问题在《读书》发表的一篇随笔的标题（依稀记得好像是《我们为什么选择了大家都不喜欢的制度》）。我要探讨的却不是公共选择而是市场的一些较少被探讨的性质。

被称为"市场"的社会过程，是被称为"公共选择"的社会过程的特例。在十分广泛的条件之下仍然存在的公共选择过程，它的许多性质未必可以传递至只在非常苛刻条件下才可存在的市场过程。例如，任何一项公共政策，只要考虑到实施效果，很可能必须依赖于在它之前已存在的其他政策。政策不能独立于历史。换句话说，公共政策总要保持某种程度的连续性。但是当我们考察人们的市场行为时，在许多场合，可以忽略历史因素，或以诸如个人偏好及生产函数这样的"技术"假设来涵盖历史因素。因此，只要技术不变，历史因素就是被给定了的，不会影响行为主体在当下的选择。这意味着我们在市场里的选择，独立于选择的历史。这一推测很重要，它表明市场是"近视的"。虽然，或许在其他一些场合，市场比任何其他机制更"远视"。这一类探讨，应另文叙述。

布罗姆利在2006年出版的一部著作《充分理由——能动的实用主义和经济制度的含义》里回顾了下列事件：1819年，欧文说服英国议会通过法律禁止棉纺厂雇用9岁以下的儿童，并规定16岁以下的童工每日工作时间不得超过12小时。其后，1825年和1831年，这项法律进一步扩充：18岁以下的雇工每日工作时间不得超过12小时，并且，对21岁以下的雇工，不许夜间工作。这些规定遇到棉纺业主的强烈反对，并于1844年将该项法律加以修正，允许雇用8岁儿童。1847年至1853年，一系列法案出台，最终规定了妇女和儿童每日工作的时间不得超过12小时，其中应包括90分钟就餐时间。1875年颁布的另一项法律，要求儿童必须在学校就读，直到12周岁。

一位只相信自由市场的经济学家当然会追问：上述

立法过程是否降低了经济效率从而损害了社会福利？我觉得这一问题可以转换为一个与自然资源耗竭过程类似的重复N次的"两阶段博弈"模型，至少，这样做的结果是，问题的某一方面可以很清楚地被呈现给我们。

假设棉纺业主在博弈的第一阶段选择自己要雇用的儿童每日工作时间的上限，然后，在第二阶段，棉纺业主带着自己工厂的产品走进棉纺业商品市场，参与竞争，并且他们预先知道，在同类商品中，成本较低的商品将占有更大的市场份额。当市场份额缩小至某一阈值时，企业将亏损并退出竞争。设第二阶段亏损并退出市场的业主得到的支付是0，设其余的业主得到的支付是1。还需要假设的是，若儿童每日工作时间超过12小时，则N次博弈之后，该儿童将丧失劳动能力，在此前该儿童的劳动能力保持不变，此外，假设儿童及其家庭在儿童失业足够长期（例如N次博弈）之后将消亡。最后还要假设，人口增长的速度远低于因儿童丧失劳动能力而产生的对劳动力的新增需求，并且由此导致的工资增长，在N次博弈之后将使企业全体陷入亏损状态。

在做了这些假设之后，很明显，每一业主，只要不希望退出竞争，就应使雇用童工每日工作时间超过12小时。但N次博弈之后，全体业主将不得不以极高的工资雇用童工，从而导致全体亏损。也就是说，业主们在市场里的自由选择导致了他们都不喜欢的结果。

产权学派的经济学家或许要提出解决这一困难的途径：让童工长期受雇于企业，于是长期而言，外部效应的内置将诱使业主们在第一阶段就限制童工每日工作的时间。但是，我们需要什么样的劳动力市场才可导致工人长期被同一家企业雇用呢？我的看法是，不可能存在这样固定搭配的"市场"。不过关于这一问题，我认为还值得继续探讨。

真实世界——诸如环境、教育、医疗、自然资源、文化遗产、劳动和资本的市场……我们希望它们表现出的具有良好性质的长期格局，几乎总是不能与市场参与者基于短期利益的最优选择相容。事实上，参与市场竞争的群体内的每一个人都处于两难困境：为短期生存所做的选择，长期而言将使生存资源全部耗竭，但短期内不如此选择就无法生存。

基于与此相似的考虑，阿罗在1972年发表的一篇论文中提出了这样一项关于"不可能性"的命题：每一个正常运行的市场必须有一个"非市场"的运行环境，或者等价地，不可能存在无所不包的市场。

此处，阿罗所指"非市场"的市场运行环境，由法律、文化、社会规范及社会组织等条件构成。一旦这些条件统统被市场化，则市场将瓦解。他的关于"法官判决市场化"的思想实验，出色地揭示了这一命题的现实意义。

再谈香港经济

香港经济不如10年前繁荣,却还没有我10年前预测的那样衰落。

13年前,我曾撰文探讨"香港经济繁荣的根本原因":香港经济之所以能够繁荣,第一要素是相对于内地的制度优势。在一个世纪的时间里,香港华人社会形成了一个同时含有敬业、合作、创新这三种精神的企业家传统。

香港人对市场动向的敏锐感觉和他们久已习惯了的市场生活方式,使他们的市场能力远远超过了内地人。有一项指标可以说明香港经济的这一核心竞争力的强度:在中国内地最初20年改革时期,香港经济的转口贸易额占GDP的比重,几乎每年都超过100%(经过多次倒卖)。很容易看到这一数据所刻画的基本图景:香港是一个大市场。

今天,中国内地的经济已经普遍地市场化了。那么,香港的市场优势是否可以维持香港经济持续繁荣呢？对这一问题的解答，依赖于一个更深刻的问题：什么是"市场"？而且，根据我的观察，也根据斯蒂格勒专门写的一篇向经济学家解释"市场广度"的论文，我推测，多数读者不晓得怎样回答这一问题。市场就是"买卖集中的地方"？如果将买方和卖方集结在一起就是市场，那么香港人就从未有过什么"市场优势"。

借用我喜欢的"三维"分析框架，第一，市场确实是集结买卖双方的时空点。但这仅仅是"物"的维度，远不能涵盖市场生活方式和市场的精神维度。所以，第二，市场是一整套生活方式——是人与人之间在"市场社会"里结成的关系之总和。例如，韦伯论证，市场是以"自由订约"（free contracting）为核心的近代理性制度，尤其是当这一制度被拓展到劳动力的自由订约时，有了现代资本主义生活方式。第三，市场不是一般生活方式，它是与一种特殊的精神文化相适应的生活方式。关于第三维度的一个案例，韦伯有过著名的"新教伦理与资本主义精神"的考证。

沿袭卡尔·波兰尼的用法，我用"市场社会"这一概念指称那些已经由市场生活的价值体系占据了主导的社会。另一方面，我沿袭当代经济学家的办法，将"市场社会"划分为"好的"和"坏的"两类。好的市场社会，一方面表现出诸如"商品拜物教"和"消费主义"这样的负面特征，一方面表现出由哈耶克系统地论述过的良性的社会秩序（《自由宪章》）。作为对比，坏的市场社会，一方面表现出好的市场社会的一切负面特征，一方面表现出哈耶克从未见过的那种权力的普遍腐败和法治精神的普遍缺失。

在"人"的维度上，香港"回归"之后，许多优秀的香港企业家将企业及其管理人员转移到内地，充分发挥了香港人的市场优势。与此同时，许多内地企业及其经理人员（虽然未必优秀）转移到香港。这一过程的长期倾向，我认为，是"摊薄"了香港本地的企业家能力。企业家能力的弱化，表现之一就是企业精英更频繁地求助于政府官员的恩惠以及伴随着的腐败。不过由于旧制度的惰性，香港的腐败不像内地那样，在不到10年时间里，迅速地变得普遍和猖狂。

在"物"的维度上，香港经济的"转口贸易"优势将逐渐消失。而且这一过程很符合"区域经济学"的原理，或许不很符合"制度经济学"的原理。不论如何，事实上，与10年前相比，内地的大宗交易经香港转口，现在似乎不再享有很大的价格优势了。根据香港四星级以下酒店的价格波动，我推测，光顾这些酒店的很大程度上是中国内地人。从外表判断，他们多是游客而不是商人。这些迹象表明，香港经济正从以"转口贸易"为主体向着以"旅游业"为主体过渡。这两种经济主体作用于酒店定价时，有着显著不同的价格模式。例如，我经常入住的位于湾仔和铜锣湾之间的一家四星级酒店的两床标准间，在旅游旺季的价格大约每晚1 200港元或更高，而在淡季则降至每晚不到500港元或更低。有时，一星期之内价格就可相差三倍，这可能是因为突然新增加了一个数百人的内地旅游团。

大致而言，由于旅游业对"住"和"行"这两方面的特殊效应，香港保持着约10倍于内地城市的"住"和"行"的费用和约2倍于内地城市的"衣"和"食"的费用。"食"的费用低廉，当然是因为有内地农产品的供应。"衣"的费用低廉，原因是两方面的。其一，来自海外的高端商品比内地同类商品便宜许多。其二，来自内地的低端商品在香港也是出售给低收入阶层的，价格攀升的余地很小。

在精神生活的维度上，香港人似乎保持着他们以往的多元文化，只不过，来自欧洲的文化影响开始衰退，代之以来自亚洲诸文化的影响，例如菲律宾的和印度的文化影响，明显地日益增强。彼消此长，结果似乎是法治精神的衰退与宗教仪式的兴旺。长期而言，我推测，这一文化演变将对经济产生负面的影响。

总而言之，香港经济不如10年前繁荣，却还没有我10年前预测的那样衰落。这一次，我遇到的第一位出租车司机是"文革"后期偷渡到香港来的，已入耄耋之年。他告诉我，过去10年，香港人的平均收入只是以往的1/3。我怀疑他言过其实，但香港平均收入下降的趋势，大约是事实了。

求索金融街高收入的理由

为什么金融街的人可以收入超过其他行业的几倍或几十倍？我确实特别想找到一个能说服我自己的解答。我觉得窦文涛今晨在"三人谈"里提出的这一问题，很好。

金融从业者的高收入现象，几乎有金融活动以来就始终存在。古代巴比伦僧侣收入的一个重要来源是放高利贷。中世纪欧洲教堂的土地扩张，主要是教徒们的赠予，这相当于支付来生的钞票（虽然教会长期反对放债者收取利息），而放高利贷者支付的是现钞，对这两种付费的回报都是现世的而且回报率都特别高。关键是，为什么有这样的高回报率？因为，存在很高的风险和不确定性。教徒们不知道来生是否幸福（不知道的程度很高），于是赠予土地。放高利贷者之所以能索要高利，因为借贷者获得未来收益的能力面临很高的风险和不确定性。

金融资产，我在最近的一篇文章里介绍过托宾的经典定义，就是可转让的"IOU"（我欠你的缩写）。金融资产的市场，就是这些可转让的我欠你的承诺的市场。可惜，因为任何承诺都涉及未来，也就是时间因素，阿罗说，未来市场大部分不存在，即使存在一些，也太"薄"[①]。当市场不完全的时候，价格是怎样的？我们说，价格的经济学功能是传递关于稀缺性的信息。不完全的市场价格，不可能包含完全的关于稀缺性的信息。这就是风险和不确定性。当你答应做一笔交易时，你的信息不完全，于是你的未来收益有风险，哪怕只有1%的血本无归的风险，行为经济学的"阿莱悖论"表明，多数人都会选择更稳妥的方案，他们愿意支付远高于预期风险损失的价格来取消那个带有1%概率血本无归的方案。于是，阿罗认为，保险业之所以有利可图，是因为大多数人愿意支付这样的"风险溢价"。那么，保险从业者的收入是否远高于其他行业呢？中国的保险业和银行业都被归入金融业，2008年统计年鉴表明，银行业是最高收入的行业。银行业的收入当中，我认为，基金业务而不是贷款业务占了极大部分。散户呢？也一样。我的朋友们，有几位是从股票市场获利丰厚的。

---

① 关于"市场厚度"，金融学教科书或许介绍过，读者可查阅本书作者的《记住"未来"》文集关于期权交易的文章。

他们根本不会在乎教授薪俸，他们于是可以放心地研究学问。我的另一些朋友，数目更多，在股票市场里损失极大，以致无心过问包括学问在内的任何事情。总之，散户们，收益的差异很高，数百数千或数万倍的差异。而且，关键是，获利丰厚的散户未必有什么可靠的内部信息。这就是人与钱的缘分吧，《黑天鹅》的作者嘲讽过，这是"随机致富的傻瓜"效应，绝不意味着致富的人比亏损的人更聪明（事实往往相反）。

这样看来，不论大户还是散户，都有这样的特征：回报率差异极大，远高于其他行业。注意，是回报率的差异而不是回报率本身，这是统计学的"方差"与"均值"的不同含义。阿罗说的风险溢价，基础就是"方差"，不是"均值"。然而，我们要解释的是，为什么金融街从业者的收入均值如此高？其实，我的直觉是：这一行业肯定有极强的进入壁垒，否则，知识劳动者自由进入，为何他们不从报酬较低的行业进入金融业？可是，这些壁垒是什么呢？我论述了很多关于劳动工资和劳动力市场不完全等议题，现在的议题，与人力资本定价和人力资本市场失灵是密切相关的。就我的观察，金融街的基金经理们，他们的智商和能力，绝不会几十倍于其他行业的同等学力和同样年龄的雇员。

这篇文章写到此处,我出去一整天,回来看到,几位网友补充了许多宝贵的资料和观点,我认为必须转贴如下:

网友"asing":不知道丁丁所谓的金融行业的人是什么人?关于银行业收入最高完全是一个误解,一个银行的前线员工的工作时长足达12个小时,工资回报和一个工厂工人差不多,那么市场上所谓的高人工(高工资)到哪里了?领导手里,"编制"员工手里,其他的所谓合同工根本没有超额工资,而合同工占银行比例超过9成。上一年公布的某证券公司的百万年薪事件又是一个大误解!尤其是教科书上认为高风险意味着高回报是一个远离中国实际的说法,作为前线的经纪人坐拥市场包括"股市行情、营销风险、政策"等在内的所有风险,但是所有行内都知道的是:他们是证券公司最低收入的人。举个例子,我们市某大证券2008年的十大营销能手在2009年全部离岗,几年来的收入化为乌有。那么风险换来的钱到哪里了?领导手里,所谓"编制"员工手里,经纪人帮公司赚取了9成的利润,最终劳动法一出,全部解约。在国企里,我可看不到和风险回报相当的收入,你问问证券公司的人,谁愿意去做那些"风险"的事情?所以所有高收入都不是高风险来的,完全是政治特权所带来的。如果你有时间上上PIMCO的网站看看债券之王格罗斯(Bill Geross)关于金融业的看法,你就知道金融业的高收入来自哪里。正如他所说的"我小的时候,爸妈愤愤不平地告诉我只有医生、律师等专业人士能进乡村俱乐部。但现在在那里的全是靠借钱发达的人"。金融街的人,特指基金经理,用我们行内的话讲,拿别人的钱自己发达,风险由基民承担,收益却通过什么高额管理费、托管费(在中国有些公募基金费用年率高达3%),令基民差不多无利可取。正如格罗斯所说的,自从美元和黄金脱钩,赚钱的最有效办法很简单,就是可以免费借钱,做大杠杆,至于风险,绝对不是这帮"高收入"人自己承担的。这算是一种政治特权吗?

丁丁回复:感谢你的资料,我推测的,正是你介绍的这些事情,壁垒,壁垒在哪里呢?你的介绍对我帮助很大。统计局的数据都是"全员工资(奖金在内)",而且是平均值,当然遮蔽了你说的这些差别。我要转帖你的留言,好吗?

"asing"回复：转帖是没有问题的，我说的都是事实。这些问题我从来没有想到一个明确的答案。中国有很好的经济学家，譬如周其仁，他用新制度经济学的范式，尤其是科斯的方法，再加上他自己的观察解释了很多之前我想不明白的现象，但是主要限于土地的问题。但是关于国企改革、公司治理，尤其是关于人力资本却一直没有很好的中国解释，这些都是新制度经济学的核心问题啊？

丁丁回复：是的。我和其仁，曾讲授制度经济学。但我的兴趣转入行为经济学之后，早已不讲制度经济学了。

网友"zhuweiok"：金融业壁垒我觉得至少有一个：名牌大学效应。据我所知，中金公司招人，仅限北大清华复旦交大，看一些其他报道华尔街的投行大致如此，主要录用常春藤盟校学生。这个壁垒也算很高的了。其他中小型券商虽然不是要求北清复交，大致也是这个趋势。ccer网站上海通证券的招聘条件，特别强调本科是名牌大学。

丁丁回复：对。这是一个因素。

"asing"：中国的金融历史中的行业壁垒，但就证券而言，就远离市场因素。其实不一定大国企才会有信誉。中国早期做得很好的券商，当数君安证券，君安被合并后，现在在市场上最有活力的资本运作者都是君安系的，譬如赵丹阳、但斌，他们的基金可没有政府担保。世界上大券商都不是国有的，为什么唯独中国的民营券商不能做大，如果看看中国证券历史就知道，万国证券输掉国债期货，最终是因为中金开的行政特权。君安之所有被合并不是因为做得不好，而是做得太好。这些成功市场派有多少个是名校毕业呢？再看看浙江、江苏那么多成功的民营银行，如果靠政府担保才会有人存钱，他们有什么可能活到今天。市场会有失败的企业，但是优胜劣汰，非常有效率。恐怕没有人能忘记四大银行的巨额呆坏账，国有券商巨亏多年，中国人寿的母公司现在背负着巨额亏损保单。市场成功，抑或行政成功，是显而易见的。

不是名校的人毕业为什么没有机会，是因为没有属于市场的金融企业，君安现在的CEO我是认识的，他就是深圳大学毕业的，为什么谁都能做，就他能成功？是当年市场给了君安，就给了他机会，一个小券商的组织成本是很小的，当企业做大，招人的最好办法就是做最保守的事情，"到名校招人"，这样就可见大券商的组织成本是多么巨大。同样，如果你了解公募基金这个行业，你就知道，他们并不追求效率，最重要是规模做大，费用就大，薪金就高。市场不开放，制造了名校效应，制度成本巨大，毁灭了人的创造性，在这件事上恐怕还是新制度经济学有解释能力。金融业所谓的高薪，其中重要的一点，是因为他并不是一个开放的行业。谁坐上了那些位置，都会获得高薪。

丁丁答复：我真应该请你给我们的学生们讲讲这些故事！

网友"德里克"：金融业收入高，我想了下主要是这些原因：①金融业的根本问题是一个信用的问题。信用想想其实是一件挺可怕的事情。从普遍上讲，各行各业做生意讲究的都是一手交钱一手交货，唯有金融业是打白条的。比如说，你存钱到银行，你交出去的是真金白银，对方给你的是个凭证以及一个一定时限后收益的承诺。你买西瓜绝对不敢付了钱等他一年后再送货，为什么面对银行就敢把成千上万的资金交过去呢。从金融业的历史上可以看到，从业者往往是长期能够稳定进行借贷和清偿，在经历了无数次的交易后，积累起了经得起历史考验的信用。人们是从不信到小信，小信到大信，再到认为存钱和贷款是天经地义、理所当然，以至到现在金融业成为整个经济体系的根基和命脉。从金融业全行业来讲，在几百年中小心翼翼，闯过无数的波动与萧条，这是非常不容易的事情，也是金融业立业谋利的根基。当这种"信用"或者说商业模式被社会广为接受时，它也就为金融业立起了一个极高的准入壁垒。也就是说，要想玩金融，你必须要有"信用"，否则你绝吸不到一分钱存款，也卖不掉一份基金。那么信用是怎么来的呢？一般而言，包括三种模式：一是长时间成功经营得到的商誉，雄厚的资本金，国家信用担保。商誉是金融业作为一个古老行业中，全世界人民都知道，存钱最好存到瑞士去。这种观念一旦形成，就是一个很高的壁垒。我开一家银行，去跟瑞士的银行家们竞争，哪怕我开出再高的利率，聘请再有名的经济学家，也没戏。人家做了几百年了。在每天面对风险和不确定性的情况下，生存了几百年，这个事实就压倒了一切竞争者。二是讲资本金。我不知道开一家商业银行资本金的最低限额是多少，但我想肯定是要以亿为单位的。而且就算有了若干亿，在这个行业里面还是个小得不能再小的角色。就比如说温州的地下钱庄，动辄说起来百亿千亿的，但跟四大行比比，实在是毛毛雨，到国际市场上比比，更加无地自容。所以，一般来说，有若干亿者，与其在金融业中当凤尾，还不如做实业当鸡头，资本金门槛极高，这又是金融业的一个壁垒。三就是国家信用担保了，这个壁垒就更高了。因为国家关心的基本上都是国计民生的东西，除非你已经大到你倒闭国家也倒大霉的程度，否则绝不会引得国家出面来为你担保。由上可见，不论是商誉、资本金还是国家信用，这三者都是金融业的准入壁垒。准入壁垒高必然带来超额利润，比如英特尔做CPU全球独大谁也争不过他，他的收入就很高，不比金融业差。②金融业的高壁垒，也反过来作用着这个行业的从业者。商誉的取得很难，要保持住就更难，因此必须吸引高素质的人才。资本金极高，意味着一旦出现损失，亏损额也会极大，这就要求管理者能妥善地规避各种风险。国家担保，国家其实比私人资本更害怕亏损（当然对盈利的渴望也没私人资本那么高），因此对风险的经营能力要求也更高。所有这一切，都决定了金融行业的从业者颈上长的必须是全社会最聪明的脑袋。从我们圈外人的角度来看，可能有很多从业者非但不聪明，简直愚蠢且贪婪。但如果从老板的角度来看呢，聪明人既然少，聪明也不长在脸上，怎么能把百万分之一的人从人堆里找出来呢？最好的办法就是开高价，让高学历高智商的人自己互相PK。虽然这样还常常有是滥竽充数之人，但从概率上讲，还是比较靠谱的办法。汪老师说："金融街的基金经理们，他们的智商和能力，绝不会几十倍于其他行业的同等学力和同样年龄的雇员。"我在这里要补充一点，就是收入并不和智商能力成线性正比。老板们多开10倍的薪水，只得到一倍的智商和能力的提高，看起来好像亏了。但考虑到这些人是在操作以亿为单位的资金，那么只要智商和能力确实是有提高的，老板们也是愿意的。因为毕竟跟资本金、跟可能的盈利和亏损相比较，薪水实在是太微不足道了。

丁丁答复：不过，据我的观察，金融界的人，信誉绝不比其他行业的更高。一般而言，信誉是最重要的高价因素，在西方社会和中国资本主义发展时期尤其如此。但在当代中国，金融机构，除了国有和证监会或银监会或保监会发的经营牌照之外，没有更多的信誉基础。所以，他们享有的信誉价格，其实就是"政府担保"的价格。我更赞成"asing"的看法，壁垒，主要是行政的,不是市场的。

网友"德里克":看了一下汪老师的评论以及"asing"的留言,我觉得有必要对问题本身做一下定义了。我们讨论的到底是"为什么金融业收入高"还是"为什么一些烂人坐上了金融业的高位就可以享受高薪"。我前面写的文字主要是从前者来考虑。金融业自身的行业特点,要求它支付高薪并雇用聪明的人来运营企业。"金融从业者的高收入现象,几乎有金融活动以来就始终存在"可以作为一个佐证。如果说问题是后者,那么我想,首先是由于金融业的内在特点,即高薪揽才创造了这样的机会。随后,中国的一个老毛病出现了,就是行政管制促使竞争机制变形,从而使得竞争标准从知识与能力向关系与背景倾斜。再进一步的,现有体制试图反制这种倾斜,于是牺牲效率,以名校学历等硬条件来进行人才选拔。几方面的因素博弈之后,就造成这种局面:后台过硬的靠关系,没关系的靠文凭,还有很少数实践能力极强的靠天赋,各抢一块金融高薪的蛋糕。

丁丁回复:我基本同意你的概括,既有金融业高风险高回报的一般原理,又有中国官僚体制的本土特色。

那么，由于"次优定理"，有没有可能限制金融界收入呢？所谓"限薪令"，可能改善了效率而不是损失了效率？如果不实施限薪令，效率损失的形式是：寻租的竞争导致金融业吸引更多有政府背景的低能高薪者进入金融业，从而进一步降低金融体制的效率，使金融市场越来越成为"政策市"——因为市场参与者的收益越来越依赖于他们是否服从政策制定者的暗示。

经济学中的理论与现象
——评豪斯曼《经济学的哲学》[①]

这是一本文选,由哲学家豪斯曼编撰,从1848年至1982年这近150年间发表的经典读本中,节录为21章,第2版与第1版有显著差异。丁建峰中译本所据,是1994年英文第2版,其中,依我的评价排列,最重要的文章是奈特1935年一篇论文"Value and price"的节录——《经济学与人类行为》。我努力尝试过,原文已无从查找,于是就更偏爱收录在这本书里的这一篇。其次,对经济学方法论具有重要意义的,是凡伯伦发表于1909年 *Journal of Political Economy* 的一篇文章——《边际效用的局限性》。在重要性方面被我排在第三位的,是罗宾

[①] "写了一篇书评,为丁建峰翻译的《经济学的哲学》而作。建峰是我的学生,中文与英文俱佳,这部作品,他翻译得十分认真。经济学家大多不反思经济学方法论,因为,据说一流学者不研究方法。可惜,举目张望,我们只见到二流或三流学者,而且也不研究方法。可见,一流学者不关心方法,并不意味着不关心方法就可以成为一流学者。"

斯于1932年发表的著名小册子《经济科学的性质和意义》的节录。关于这本小册子，奈特专门写过一篇书评（1934年）[1]。而我把韦伯的《客观性和经济学中的理解》[2]排在第四位，把弗里德曼1953年的名篇《实证经济学方法论》排在第五位。

以上所列，均为"经典"。还有一篇，可称为"新经典"，就是收录在这本文集内的布坎南和范伯格《市场作为创造性的过程》。奇怪的是，豪斯曼在"导读"内没有指出这份节录的来源。不过，我记得，它应当就是布坎南和范伯格在 Review of Austrian Economics 杂志2002年发表的纪念沙克尔"极端主观主义"思想的论文，标题是：《极端主观主义的宪法含义》。

经济学是一门让经济学家自豪到有些傲慢的社会科学。这种傲慢态度被其他社会科学家和人文学者称为"经济学帝国主义"。如果我们追究这种帝国主义态度的根源，不难看到，相对于其他社会科学学科而言，经

---

[1] *International Journal of Ethics*, vol. 44, no. 3, pp. 358-361。

[2] 选自韦伯的论文《社会科学和社会政策中的"客观性"》。

济学似乎有一套优越得多的理论与方法,并由此而发生了经济学帝国主义者的傲慢态度。事实上,经济学只是在19世纪后期,特别是19世纪70年代"边际革命"之后,才逐渐确立了自己的更加优越的理论与方法。在这一时期之前,学术思想史的考察表明,经济学家并不比例如哲学家和历史学家更傲慢。

在英美学术传统内,马歇尔被认为是当代经济学的创立者。在一份早期的英国经济学年会报告中这样写着:马歇尔先生发言的时候,全场起立向他致敬。场内大多数经济学家,以不同的方式,都是他的学生。不过,马歇尔本人在那次发言中强调,他只是一位业余经济学家。因为,当时,理论经济学还是一个尚未实现并且十分遥远的目标。

为使经济学成为"理论"而不仅仅是政策实践者的"决疑方法",马歇尔在《经济学原理》的开篇部分提供了一项明智的洞察:相对于其他学科的研究者而言,经济现象的研究者的最大优势在于,经济人的不可观察的动机,被货币转化为可观察的行为从而能够被客观地测度。例如,我们看到马路上有一位绅士掏出5便士,犹豫不决,他打算买一支香烟,又打算乘车回家,不晓得应当怎样选择。此时,我们能够推测,一支香烟的效用,对此时此地这位绅士而言,必定与乘车回家的效用相差不多,大约都等于5便士的价值。因此,由于行为的"可货币化",经济学比其他社会科学更可能成为"科学"。

至于不可货币化的人类行为,马歇尔充分意识到它们的重要性并表示了充分的尊重:决定世界历史的两种最根本并且最恒久的力量,其一是宗教的,其二是经济的。

这样,经济学就被马歇尔界定为研究货币化行为的社会科学。大约三十年之后,经济学被罗宾斯进一步界定为研究有限的手段如何在无限的目的之间"最优配置"的科学。又过了大约30年,由于"一般均衡"理论框架的确立,"效率"一词在经济学中获得了严格的理论含义,并因此而使经济学成为研究经济资源配置效率的科学。在那之后的30年内,博弈论重写了经济学,使经济学成为关于"理性选择"的科学——此处"理性"一词特指韦伯所谓"工具理性",它与"价值理性"无涉。

科学必须解释自然现象。经济科学必须解释经济现象。因此,经济学家始终必须回答并因此而感到困扰的一个哲学问题是:理论与现象之间究竟具有何种关系?

为解释经济现象，奈特指出，我们可以援引三类理由：①因果性的理由，如同物理学家那样，给出决定了经济行为的因果关系，例如，什么是"最优选择"，并如同物理学家那样收集统计数据，务求证实这些因果关系；②历史性的理由，如同人类学家那样，在特定情境的生活传统内寻找经济行为的合理解释，例如，行为的制度解释；③价值的理由，如同宗教学家那样，列出一切具有重要意义的价值，考察这些价值在行为动机的结构中占有怎样的位置。

奈特的分析表明，我们可以在"过去"（历史的）、"现在"（理性选择）、"未来"（价值追求）这三种不同视角下考察和解释经济行为。又如奈特所说，当代经济学最弱的部分，是关于"未来"的部分。新古典经济学最强的，是关于理性选择的部分。古典经济学和制度经济学最强的，是关于历史和制度的部分。

人类能够具有的值得追求的价值，奈特指出，无非"真""善""美"三种。因此，关于"未来"的经济学解释，不可避免地涉及经济行为的伦理学探究。此处，我要提醒读者注意马歇尔关于"可货币化的行为"的论证。真、善、美，这些最值得人类追求并事实上吸引着绝大多数人去追求的价值，在很大程度上，不可货币化。也因此，经济学关于"未来"的部分，丧失了它对于其他社会科学而言的极大优势。问题始终是：如果放弃关于"未来"的部分，人类行为的经济学解释是否仍令人信服呢？

布坎南和范伯格对这一问题给出了一种解答：新古典经济学充其量只解释"反应性选择"，而人类行为的本质在于"创造性选择"。所谓"创造"，就是从目前的选择中产生只有在未来才可能被感知的价值，并由于预见到那些值得追求的未知价值，才有了目前的理性选择。这样，创造性选择的逻辑前提是对未来价值的不知晓——或"有知的无知"。很明显，这一逻辑前提不能被新古典经济学容纳。

在宪法层次上的集体选择通常带有如上所述的这种不确定性，故而，布坎南和范伯格注意到了沙克尔关于"选择"的极端主观主义论证的立宪经济学意义。

即便我们把经济解释局限于新古典分析框架内，我们仍必须回答理论与现象之间的关系问题。弗里德曼强调指出，经济学家应关注理论是否好用而不应关注理论假设是否与现实相符。理论的好用与否，在美国实用主义哲学传统内，有相当明确的界说。例如，杜威反复论述过，并被罗蒂反复引用过，理论假设的唯一功能在于让我们对现实更加敏感。我认为，这一极富洞察力的看法对解决理论与现象之间关系问题最为重要。我们周围已经充斥着足够多的专门研究与现实世界毫无关系的理论问题的经济学家，他们提出的各种假设，尽管形式优美，却让我们变得对现实越来越不敏感。

又如弗里德曼所论，理论假设或理论体系本身，无非是一套"同义反复"的文件分类系统。任何逻辑自洽的体系都是同义反复的。理论的原意是"关于神的观念"，神，就其定义而言是完美的和自洽的，因而是同义反复的。在现实世界中，同义反复的理论体系的意义，于是只在体系之外。例如，它让我们对现实变得更敏感。

现象，在经济学中被称为"数据"（data），不论这数据是统计的还是单纯主观感受的。"命题"，对经济学家而言，史密斯教授指出，是从可想象的全部假设的集合到可感受的全部现象的集合的一个映射。我觉得很遗憾，史密斯教授2005年发表的这篇极重要的经济学方法论论文没有被收入这本文选。

换句话说,只有通过"命题",经济学理论体系才可能与经济数据建立某种联系。一方面,一个命题"对现实的敏感性",可以根据它在多大程度上刻画了现象之间更细微的差异来判断。但是,另一方面,一个能够区分现象之间细微差异的命题,也可以是毫无意义的命题。经济学家关心统计意义显著的命题,他们通常不关心单纯个体性的差异。

行为金融学
——基于经济学视角和常识的一篇导言

最近与行为金融学实验班的新生聊天,我感觉有必要自己动手,写一本小册子,从经济学常识,也就是从"定价问题"这一核心的问题意识出发,引入金融学和行为金融学的基本概念——以闲聊的风格。虽然,我闲聊的风格未必不深刻。不论何种风格,关键是要激发同学们一边阅读一边思考而不是仅仅阅读。

在经济学视角下,世界上只有一个核心问题,就是定价问题。我必须首先解释这一核心问题,因为基于这一核心问题,学生们可以逐渐培养自己在文化、政治、经济、金融等领域的讨论中的"问题意识"(problematique)。这是一个法文单词,借助法国文化批评的大潮,20世纪70年代至21世纪头10年,在英语和汉语的"后现代"文化界热得烫手。汉语翻译,刘东最早写了一篇文章,坚信应译为"问题意识"。林毓生表示了不赞成,他认为这是一个无法翻译的法文单词,源自法国启蒙运动时期的哲学家巴斯加尔，后来辗转流入美国，代表人物就是林先生的老师史华慈，他的名著是《中国古代思想世界》，刘东主持翻译的海外汉学丛书之一种。不论如何，这个法文单词的意思是"一束纠缠不休的问题"。用汉语描述，就是"剪不断理还乱"的意思。只不过，巴斯加尔的意思更深，他认为人类理性能力实在渺小，永无可能解开这一束问题，于是不能不求助于上帝或某种超越性的存在。图5-1这篇论文，可能是晚近发表的最相关的一篇。

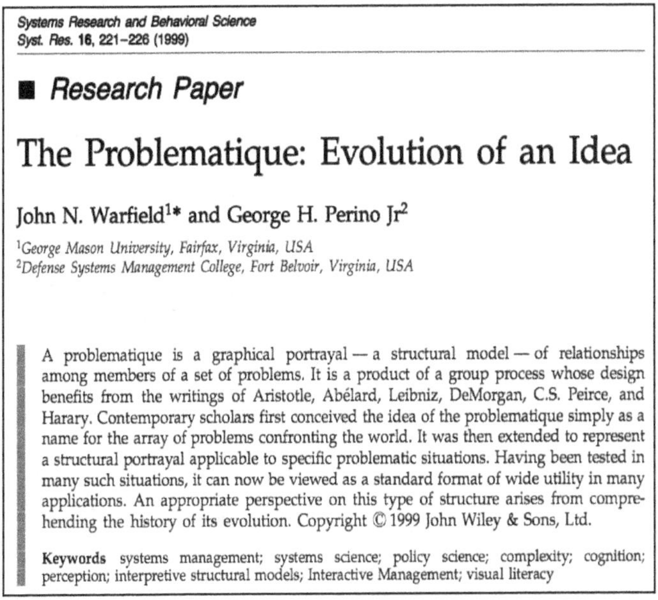

Systems Research and Behavioral Science
Syst. Res. 16, 221-226 (1999)

■ *Research Paper*

The Problematique: Evolution of an Idea

John N. Warfield[1]* and George H. Perino Jr[2]

[1]*George Mason University, Fairfax, Virginia, USA*
[2]*Defense Systems Management College, Fort Belvoir, Virginia, USA*

A problematique is a graphical portrayal — a structural model — of relationships among members of a set of problems. It is a product of a group process whose design benefits from the writings of Aristotle, Abélard, Leibniz, DeMorgan, C.S. Peirce, and Harary. Contemporary scholars first conceived the idea of the problematique simply as a name for the array of problems confronting the world. It was then extended to represent a structural portrayal applicable to specific problematic situations. Having been tested in many such situations, it can now be viewed as a standard format of wide utility in many applications. An appropriate perspective on this type of structure arises from comprehending the history of its evolution. Copyright © 1999 John Wiley & Sons, Ltd.

Keywords systems management; systems science; policy science; complexity; cognition; perception; interpretive structural models; Interactive Management; visual literacy

图5-1 《问题意识》论文第一页图

最重要的问题意识，对经济学家而言，就是"定价"（pricing），注意，这是一个动名词，它意味着定价是一个市场过程（market process），于是必须研究"市场"怎样定价，所谓"定价机制"（pricing mechanisms），以及怎样从许多定价机制当中判定较好的机制（可以有"机制设计理论"）。市场之为"过程"，这是奥地利学派经济学家坚持的视角。只有通过这一视角，企业家活动才可以被观察到。因为，市场过程的主角就是企业家。新古典经济学的理解框架，由于采用了逻辑的静态视角，从而不能容纳企业家活动。奥地利学派的视角，过于偏重历史和动态，不容易建构逻辑模型。新古典学派的视角，过于偏重逻辑和静态，不容易解释社会演化。我们要解释的是中国社会变迁，一定要有更广阔的从而更具包容性的视角，我称为"历史与逻辑相统一的视角"。

在研究"定价"问题时，张五常的著作最应首先研读。因为，首先，他以中文写作，特别为国内的青年读者撰写新版《经济解释》。其次，他是芝加哥学派经济学的正宗传人，深谙价格理论。在芝加哥学派的经济学传统里，全部经济学只划分为两大主课——价格理论和货币理论。前者对应着我们这里的微观经济学，后者对应着我们这里的宏观经济学。不过，斯蒂格勒根本不赞成将经济现象划分为"微观的"与"宏观的"两大类。因为，他指出，绝大部分有待解释的经济现象都要求同时有微观的与宏观的分析。如果我们只关注市场价格，那么，市场价格的分析框架，目前有两种，局部均衡理论和一般均衡理论。芝加哥学派继承的主要是马歇尔的局部均衡分析，而"咸水学派"（指美国太平洋沿岸和大西洋沿岸的主要大学）继承的主要是欧洲大陆思想传统里的一般均衡分析。芝加哥学派代表"淡水学派"，因为大学临湖。当代经济学的主流不再是淡水的，而是咸水的。例如，高级宏观经济学教材，最常见的，由哈佛大学和加利福尼亚大学伯克利分校或斯坦福大学的经济学家撰写。

不能仅关注市场价格，我们的常识表明，许多事物根本没有市场，何来市场价格？所以，张五常建议，"price"可以翻译为"价格"，而"cost"应翻译为"代价"。我很赞成，代价，远比"成本"更符合经济学的成本概念。现在我要详细介绍经济学的成本概念，如我常说的那样，经济学全部理论，只围绕一个核心概念展开。这一核心概念，就是"成本"。

首先，我们要解释行为（behavior），就要定义"行为主体"（agents）。通常，在经济学分析框架里，我们用"偏好"（preference）来代表行为主体。为了定义"偏好"，必须先定义"可选方案"（alternative choices）的集合。任何社会科学，最终的逻辑基础是"集合"和关于集合的理论（例如"集合论"）。集合由一些"元素"构成，"选择集"A，由一些可选方案组成。换句话说，A的一个元素就是一个可选方案。例如，今天课余的两小时之内，你有两个可选方案：x，到距离最近的一家电影院去看电影；y，到距离最近的一家餐馆去聚餐。如果为你这两项选择建立选择模型，就有选择集A={x, y}。

在给定了选择集之后，可以定义偏好，它是定义在选择集上的"二元关系"，满足一些性质。任何二元关系，都是从一个集合A到这一集合A的一个映射。换句话说，想象集合A与它自身的直积（也称为"笛卡尔乘积"），表示为"A×A"。那么，A上的二元关系R是"A×A"的一个子集。R内的元素，也就是诸如（x, y）这样的二元点对，规定了A的两个元素之间的先后顺序，例如："x在y之前"。通常，我们只关注"完备理性",即选择集内全体可选方案的一个完全排序(依照它们在行为主体感受中的重要性的排序),称为A上的一个偏好。完备理性的要求是:在A点任何两个可选方案x和y之间,行为主体有能力决定孰优孰劣,要么(x, y),要么(y, x)。行为经济学的基本假设不是完备理性而是"有限理性",这就意味着行为主体在某些情境中没有能力决定任何两个可选方案之间孰优孰劣。在这种情况下,选择集上的排序可以是部分排序而不是完全排序。相应地,偏好是不完全的而不再是完全的。完全偏好,其实就是A的元素的一种全排列。不完全偏好,可以用A的元素构成的一些"半链条"来描述,每一个半链条之内的全体元素有一种全排列,但来自任何两个半链条的任何两项元素之间,行为主体无法判断孰优孰劣。此时,A被表示为在给定偏好下的由一些全序子集构成的偏序集。最初严格定义了偏好的经济学教材,由普林斯顿大学出版社1990年出版,作者是著名的"博弈论四人帮"首领。自1990年至今,这部教材似乎没有再版。图5-2,是我读博士生时保存的这本教科书的扫描版的封面截图。扫描版的文档大约50MB,仅当有实验班同学来信索取时才考虑发放。

图5-2 教科书封面图

经济学的成本概念，英文表达最简明：the highest

alternative value，汉译，我试着翻译为：被放弃的全部可选方案当中价值最高的可选方案的价值。注意，这里的价值，一律是"主观"价值而不能是"客观"价值。主观价值的定义，我喜欢借用张五常评价中的经济学天才人物小密尔（John Stuart Mill）的短语：importance felt，意思是，"被感受到的重要性"。当然，被感受到的，是指主观感受。经济学的成本概念，对任一可选方案而言，这一方案的代价就是，当选择了这一可选方案之后，全部放弃了的可选方案当中被感受到具有最高重要性的那些方案的价值。也因此，成本的全称是"机会成本"，因为是放弃了的可选方案（机会）的价值。于是，张五常主张以"代价"翻译"cost"，是更严谨的翻译。

在上面的看电影和聚餐的例子里，显然，没有市场和市场价格，但仍有可选方案和代价。看电影的代价就是聚餐的被感受到的重要性，聚餐的代价就是看电影的被感受到的重要性。被谁感受到？被行为主体，不要忘记这一点。新古典经济学几乎处处只是见物不见人，而行为经济学总是见物的同时也看见人（行为主体）。

图5-3，是我为博士生讲解经济学的思考艺术时画的。偏好与选择集，或者，在一个选择集上，可以想象一切逻辑可能的全排序当中的一个，被画出来，成为决策者的偏好。假设决策者具有"完备理性"，选择应使机会成本或代价最小。所以，决策者一定选择排序最高的可选方案。这一选择的代价，由排序第二高的可选方案被感受到的重要性代表。所以，没有市场和价格，只要有理性选择，就有选择的代价——"代"价，也可称为"私价"。对应地，市场价格也可称为"市价"。在社会选择理论中，如果给定社会选择算子，一个社会可能有理性选择，这时，虽然没有市场和市价，社会的任一选择也有代价，称为"公价"（对应于卢梭"公意"的代价）。

有由偏好代表的理性选择，于是有代价，以及基于代价的回报率。因为，回报率无非是跨期选择的代价。但是，注意，金融学主要研究跨期选择。因此，如果说，经济学核心议题是定价问题，我们不妨说，金融学核心议题是跨期选择中的定价问题。虽然，更严格定义的金融学，是研究关于"可转让信用"定价问题的社会科学。

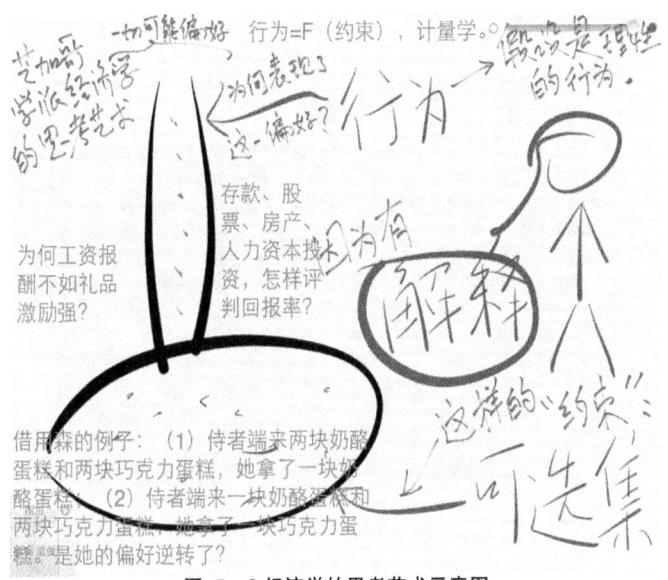

图 5-3 经济学的思考艺术示意图

根据戴维·克雷普斯（David Kreps）的微观经济理论教程的开篇（第一章第一节），截图如图5-4所示，微观经济学的研究包括四类现象：①行为主体、②行为、③制度、④均衡。

所谓"均衡"，就是行为主体不再感受到行为的冲动，或者说，"激励"消失。任何均衡，都需要假设"行为主体－行为偏好－制约行为主体的制度"这三项条件保持不变。在这一视角下，所谓"演化"，就是当这三项条件分别或共同变化时，例如，制度变化或偏好变化时,均衡随之变动的过程。

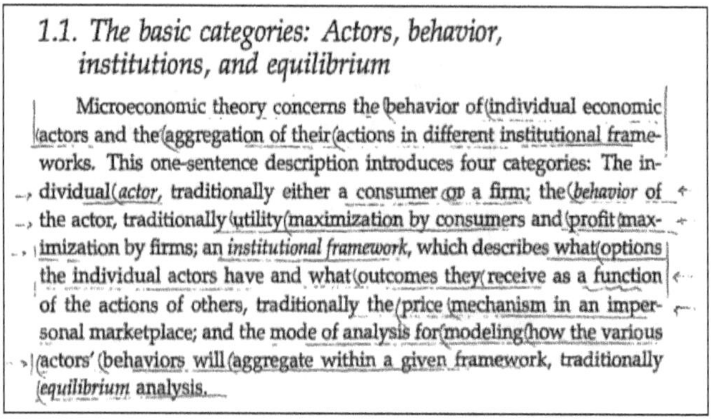

> **1.1. The basic categories: Actors, behavior, institutions, and equilibrium**
>
> Microeconomic theory concerns the behavior of individual economic actors and the aggregation of their actions in different institutional frameworks. This one-sentence description introduces four categories: The individual *actor*, traditionally either a consumer or a firm; the *behavior* of the actor, traditionally utility maximization by consumers and profit maximization by firms; an *institutional framework*, which describes what options the individual actors have and what outcomes they receive as a function of the actions of others, traditionally the price mechanism in an impersonal marketplace; and the mode of analysis for modeling how the various actors' behaviors will aggregate within a given framework, traditionally *equilibrium* analysis.

图 5-4 克雷普斯的微观经济理论教程的开篇截图

可转让信用,英文套用口语"IOU"(我欠你),就是可转让的IOU。注意,单纯的一张"欠条",例如,甲签字的一张借条:某年某月某日某时甲由乙借钱若干。这张借条如果不能转让,就不算是"金融资产"(financial asset)。仅当甲欠乙的钱财或人情(最广意义上的"义务")是可以转让的时候,才可能形成关于这一可转让欠条的市价,进而这一欠条才成为金融资产。这一界定意味着,虽然一张欠条已明确表示出甲和乙都同意的关于某一义务的代价,但金融资产要求这张欠条进入流通领域,从而在形成更大范围内有价(市价)。

上面的阐述,对行为金融学导论特别关键。行为金融学研究的问题，最常见的，都是放弃了新古典金融学完备理性假设之后发生的问题。想象一张欠条，如果在熟人之间流转，那么，它不仅有价而且它的价很可能相当于市价。但如果它从熟人手中逐渐转入陌生人当中，并继续流转，此时，许多人可能不认识甲和乙，于是很难判断这张欠条的价值。换句话说，这些人没有能力在这张欠条和另一张欠条之间判断孰优孰劣。这就是"有限理性"的含义，排序是一些半链而不是一个全链。

当我们离开完备理性假设及其世界时，我们进入真实世界。行为金融学面对的是真实世界里可转让信用的定价问题。可以极大帮助行为金融学家的，是心理学、社会学，以及政治学和法律学的知识。于是，行为金融学逐渐成为跨学科的研究领域。

三论市场经济的道德基础[①]

这是一篇旧作,也指出了"新的开端"——演化社会理论视角下的市场经济与道德哲学。说是"旧作",其实不过时。我写市场经济的道德基础,始于1994年,终于1997年。"终结"之后第X年,我们的大众媒体突然发现了道德沦丧的普遍性,并坚持要把它归咎于"市场经济",乱哄哄,你方唱罢我登场,至少是原因的一部分,它酝酿出世纪末那场关于自由主义的论争。然后,我在旁边检点论争的结局,发现没有增加什么新知识和新思想,还是那陈旧的两派:①与金钱结盟的启蒙理性、②与威权结盟的后现代主义,都是西方社会不曾有过的"最坏的组合"。

自从为《改革》写《市场经济的道德基础》(1995年9月发表),为《东方》写《谈谈市场经济的道德基

[①] 1996年8月与《光明日报》"学者访谈录"记者的谈话。

础》（1996年5月、7月连载），这次应该是第三论了。

在我所发表的一系列谈道德的文章中，我是在什么意义上用道德这个概念呢？我觉得我们可以事先武断地甚至极端地如康德那样把道德定义为："道德的行为即不能给你带来任何好处的行为。"比如，有人落水，你为救他而献身，或与一个抢了别人东西的歹徒搏斗受了伤，这时，我们很难说你是自利的，就是说在你的理性考虑中，你很难考虑到如果活下来，你的英雄称号会在你的效用函数中占多大的地位。这是我们就极端情形而言的，用以反驳另一种观点：市场经济没有必要谈道德。持这种观点的人主要是从经济学阵营中来的。自由主义的经济学家往往认为道德没有什么意义，有市场经济就够了，市场经济会在竞争中自然产生出道德机制、道德规范来。应该说，我在许多方面与他们是一致的。在这一点上甚至也是一致的。但我想将道德的重要性突出到这样的高度，就是说，不妨将道德定义成：凡是出于"工具理性"的考虑都不会做的那种事。在只要是考虑到效用函数极大化就绝对不会去干的那类事情中，有一个集合叫作"道德行为"。当然还有非道德的事情也可能处于这样的非理性范围内。我们就是在非（功利）

理性考虑的范围内考虑道德事件。这里我们是将道德作为一次事件来考虑。这就不必与我的自由主义经济学家朋友纠缠于：到底道德有没有必要，道德是否是一个交易的结果，是否在充分竞争的行为之后自然就会产生道德规范，或是先有道德规范才有交易等诸如此类的"先有鸡还是先有蛋"的问题。

既然道德与理性（指"工具理性"）是对立的，是非理性的，那么为什么还会有道德行为发生。我下面想解释的就是这个问题。这就需要比较严格的论证了。首先，道德是否是作为一个社会的基础而存在的，也就是说一个"市场社会"（请注意不是市场经济），需要不需要一个道德基础，这个道德基础包括对产权的尊重、对他人权利的尊重、自我约束，等等。

如果用我对道德事件的定义，那么基本的逻辑关系已经包含在这个概念里了。就是一群充分理性的自利的人（self-interested），是为自己的利益而工作的。但他们如果仅仅在自私的意义上是充分理性的（selfish），仅仅是自私的一群人，那么所有的其他人都只是他们的手段，是他们达到自私目的的一个手段。别人是我的手段，同样你也是别人的手段，你的生命、你的财产、你的幸福都是他人的手段。在这样一群人中可不可能有市场社会，再退一步可不可以有社会。在传统政治哲学和道德哲学的讨论中，答案是很明确的：不可能。在我们熟悉的一些政治哲学著作中，像英美传统的洛克、霍布斯或康德哲学传统中的有关论述，在"自由意志"这个传统中生长出来的道德哲学，欧陆哲学，包括卢梭，都有这一观点：即便是一群自利的人，如果他们完全是自私的，那就是野蛮人，就没有文明社会。所以，文明社会这个问题最早是在英国哲学家弗格森写的关于市民社会的历史的论文中提出来的，是他开了市民社会研究的先河。弗格森是与休谟和斯密同时代的人。

在英美传统和欧陆传统中都有这样一件事，就是认为"社会"都是文明社会（civil society），是"civil"，而不是野蛮（barbarian）状态。而一个文明社会或市民社会、公民社会，这些词在英文中都是"civil society"，"civil"在洛克的产权理论中，就意味每个人都必须尊重他人的生命、自由、财产占有权利，也就是他所讲的"property"。当然在欧陆传统中关于对财产占有的尊重与英美传统有很大的不同，但从学术上讲欧陆传统和英美传统都承认只要是人类社会就要有一个文明的基础,这个文明基础就是道德共识(moral consensus)。在霍布斯、洛克、黑格尔的论述中,道德共识的原初意思就是人们相互间有一个起码的尊重。这个尊重在前资本主义社会,即在欧洲进入启蒙时代之前的时期,并不显得很重要,因为它是自然而然形成的,所以没有人认识到它一旦缺少将是什么样子。因此没有形成启蒙时代的道德危机。德克海姆①关于社会道德共识的看法:在一个前分工社会或前资本主义社会、前现代社会中,最基本的特征就是机械式的同一(mechanical solidarity)。因为那时分工不发达而且社会规模很小,秩序扩展得还不宽泛,所以就一小群人而言,他们之间的共识比较容易达成。这一小群人大都面临同一种风险——大自然,他们之间没有很广泛的地理差别,人种上单一,在血缘上也是相互联系的,而且他们的能力、他们的知识结构和文化也差不多是一样的。在这种情况下,不会产生现代社会的萌芽,它只能有"mechanical solidarity"——机械式的团结、聚合(这个词中文不太好翻译),总之是一种前现代的共识:我

---

① Emile Durkheim,又译作涂尔干,法国社会学家,社会学的奠基人之一。

们面临同样的生存问题，我们拥有几乎同样的生存手段，也就是我们拥有同样效用函数，那么我们就是一家子。这就是从血缘和地缘关系上形成的前现代社会，用中国人的话就是"乡土社会"。

当进入"现代"的时候，黑格尔和德克海姆发现"前现代"社会开始瓦解。这些思想家认识到了道德危机，或者说是"现代性"危机，这种危机是从分工开始的。用德克海姆的话说就是分工的发展同时也就是个人主义（individualism）的发展。因为分工以后，人们的知识结构就局部化而固定在了所分工的工作上。人们在具体环境中积累知识，那么每个人判断事物的经验、知识积累就与在其他方面分工的人产生了差异，从而价值判断就会产生差异，利益就会有冲突。例如，工农之间的利益差别，就会有"谷贱伤农、谷贵伤工"的情况。所以前现代社会的道德共识很轻易就瓦解了。而新的道德共识只能建立在德克海姆所说的有机的凝聚（organic solidarity）的社会中。"有机"的意思就是指文明的人虽然是分工的，但他们通过交易、通过市场贸易互相尊重这种有机的关系，并结成一个互相依赖、互相依存的社会。基于这样的有机联系，我们对新闻报道的"俄国某飞行员让儿子开飞机导致飞机坠毁"觉得难以相信。因为，有机的社会通过各种规范的渠道约束着飞行员的风险行为，让他在正常情况下不去做违规的事。这样看来，在分工的现代社会，人们也能找到共识和基础，这个共识就是制度，是非道德的，因为它不是依赖于共同的前现代的共识，而是依赖分工制度，就像将每个人固定在一张网上的一个个点上一样，将每个人行为束缚起来。这也是德克海姆被哈耶克认为是社会主义者的原因，因为德克海姆由此强调的，是维持秩序的权威，是权威的建立，例如强权政府甚至宗教的作用。他企图这样摆脱韦伯的悲观的"解昧状态"。

对于道德共识和现代危机等问题认识最深刻的主要是欧陆哲学家。包括德克海姆、韦伯、黑格尔。按照哈贝马斯的观点，黑格尔毕生精力要解决的就是为现代社会找到它的道德基础。我不知道别人怎么读哈贝马斯，我读哈贝马斯的几本书，包括最著名的《交往行为理论》的体会，就是他想论证"现代性危机"问题。而哈贝马斯提供的解决方案就是建立在正当交往基础上的道德共识。这是来自欧陆传统的努力之一。

在英美思想传统中，我还想不出有哪位思想家，包括启蒙时代的洛克、休谟、斯密,在他们重要的文章或重要的语句中涉及现代性危机,也就是道德瓦解的危机问题。当代的吉登斯是个例外。我想这可能因为当时的英国社会比较稳定,没有发生与法国大革命相似的动荡使然。英国是通过习惯法的健全逐渐取代皇家法庭(royal court)和宗教法庭(church court)而形成一种非常灵活的习惯法体系(case law),来解决日常危机的。这个积累的过程是"case by case"的。法官遇到问题,先看看前面有没有案例,如果没有就按自己的理性和对"公益"的判断来一点一点地求得解决。可见这是典型的演进秩序。这使人们对现实问题的解释和处理很稳定,用不着那种一次性的革命。就像没有大的地震,而是以一系列小震来释放能量从而保持了地壳的稳定一样。因此,生活在其中的思想家感受不到革命和推动革命的道德基础的危机。在道德共识开始瓦解的时候就会有革命,革命无非是道德共识不能达成的产物,是一种极端的手段,例如在法国革命时期。

我们中国人基本上受到来自西方人的这两个方面的西学的影响。要么就沿着英美传统的思路,提出一些适合中国的问题或中国式的问题;要么就受到欧陆哲学的影响,包括法国、德国和意大利,提出中国式的问题。所谓中国式的问题就是中国人关心的问题,是中国人立足于中国的前途和中国的命运提出的问题,考虑的是中国一般人所考虑的问题。也就是说这个"问题意识"是中国的。像国有企业改革、农业发展问题、关贸问题,等等一些很细致的现实问题。当与一个外国人讨论时,如果他不知道提出的问题的背景,他会觉得你提出的是一个学理性问题,他就会照本宣科地告诉你,这个概念是怎么回事,像"公民权利"是什么意思,"法治"是什么意思。但他不会涉及中国的问题。所以"问题意识"很重要,问题意识只能是本土的。现在不是每一个人都是有问题意识的,在许多学者提出的政策或理论论证中,我们完全看不到"问题意识"。当然,我指的主要是一些海外的学者,缺乏这种中国的问题意识,他们只是在海外"隔靴搔痒"谈论中国问题。现在假设我们有了这种问题意识,并从这里面提出正确的问题,在求解时再参照一些其他社会、其他民族的历史过程、经验,我们会到西方去看看他们是怎么解决这些问题的(因为很多学问都是"西学")。一部分人就会到欧陆思想传统中去找一个合适的参照系、一个启发,经过启发后再回过头来独立地求解中国的问题；另一部分人则会从英美思想传统中去寻找启发；还有一些学术训练比较全面的人会综合考虑西方思想这两方面的传统，同时还有问题意识，不过能做到这三者兼得是不容易的。

前面我强调的是"社会"一定要有一个作为社会基础的道德共识，我说到了西方社会思想的两个源流对我们中国人处理问题时的不同影响。当我们处理道德共识问题的时候，我们不得不处理什么是"自由"这个概念。在欧陆传统里，卢梭有一个看法：田园诗式的野蛮社会每一个人都是充分自由的。因为那时候人少地多，从树上摘果子就能吃，也就是完全没有资源稀缺性，没有对于稀缺资源的竞争关系，所以那时也许是非常美好的，像田园诗那样浪漫的。在这样的标准下，我想每个人都是非常非常自由的，他不必考虑其他任何人与他的竞争关系。卢梭当然很羡慕那时候的人，我想霍布斯也非常羡慕这些野蛮人，羡慕这种田园诗式的野蛮生活。但是由于经济学家看到的是资源稀缺和对稀缺资源的竞争，产生了残酷的"以他人为手段"的生存方式，这时候人就开始不自由了。那么每一个追求自己充分自由的人，如果对自由无限地要求下去，一定会逻辑地把其他人作为自己生存的手段。这在欧陆，尤其在法国思想传统里就很有根底，就是强调极端的个人自由。在德国，从康德所继承的中古"自由意志"说，发展到黑格尔极端否定"主观意志"的"世界精神"，还有谢林和费希特关于"我"或"主体性"的思想，等等。

总之，从所有这些思想传统中提出了伯林讲的关于自由的两种态度。这里用"态度"（attitude）而不用"立场"，是很重要的。因为归根结底人们都要"自由"，每个人都认为自由是好事，问题在于人们要的是什么样的自由，每个人的认识并不一样，你可以追求最大程度的自由，以致追求到只有解放全人类才能解放你自己，这就是所谓"积极自由"的态度①。如果你追求的个人自由那么广泛，那么彻底，以致你的主观意志、个人意志的充分自由体现出来以后，其结果是你控制了所有其他的人，你必须把所有的人都当作实现你个人意志的手段，解放你自己的手段，这就很可怕了，这就是希特勒的集权。我个人所主张的自由，可以归入所谓

---

① 刘军宁专门在《读书》上有文章介绍"积极自由"和"消极自由"的态度，另外《公共论丛》全文翻译了伯林《两种自由概念》的文章。

"消极的自由态度",就是你站在"自由"观念的两个极端之间的中点上。在这样一个适可而止的,"止于至善"的点上,你向左边望就是"积极自由",你就非常地想控制别人,你向右边看,你就抱着一种消极的自由态度。所以这是一种态度,关于"自由",我相信大部分人的立场都是差不多的,没有多少人是希特勒,大部分人也不是完全不要个人自由的,所以这就是一个"态度"的区分,所以"态度"的区分变得非常重要。如果处理不会就会导致"文革"悲剧或法西斯专制。处理得好就会出现"市民社会"或社区生活。这都是从两种态度的差别生发出来的。所以我强调先在"态度"上有个讨论。消极的自由态度用伯林的英文就是"free from",避免人干涉的自由;积极的自由态度是"free to",我做事情的自由,包括干涉别人的自由。真正的"消极的自由"在于:我不愿意去干扰别人,同时我也从控制中避免出来。追求这种自由的人一定会承认他对别人同等的消极自由的责任,也就是在"自由"问题上没有"绝对的个人自由"。

这里有个度的问题,那么为了维持这个自由的"度",你必须对其他人的自由负担你的义务,你只有这样按基本的对等原则（道德黄金律）做才能够有你自己的自由。否则我们之间就只能是野蛮的、互相杀戮的关系。所以消极的自由态度包含着一个硬币的两面，一面是个人活动的空间，你的隐私、小天地，别人不来干涉你；另一面是你承担"不干涉别人"的义务，是社会所有人达到的一种道德共识，比如认为不应该闯入别人家拿了东西就去卖，等等。所以，你在享受别人不干预你的权利的时候，也担负着尊重别人同等权利的义务。这是一个辩证统一关系。我们谈的自由就是这样的自由，而不是单向的自由，不是积极的自由。所以我们可以说，为了确保最大限度的这种消极自由，我们迫不得已，非要加入这样一个文明社会，在这样的社会里，每一个人都享受和承担着对这样的自由的权利和义务。这就是洛克说的产权，这就是在我们这个思想传统中所说的道德共识，就是每个人在宪法上都签约：我作为中华人民共和国公民同意尊重其他所有公民的生命、基本自由、基本财产占有的权利。在这个根本宪法的订立之下，你才谈得上立法过程（制定细则）、执法的政府（日常操作）。因为抽象的宪法不能解决各种具体的日常生活中问题。所以你要立法，要有符合宪法的政府。

总之，这一套都属于政治哲学的内容。而在这一套之前则属于道德哲学的内容。只有在这两套体系之后，我们才能谈到所谓"经济生活"，经济生活才有一个规矩，才有德克海姆所说的有机社会的结构——每个人都服从一套规范，都在自己相应的网眼里自由地活动，同时，也充分地信赖其他人也在他自己的网眼中活动而不越轨。那么这个社会就成了德克海姆理想中的有机的、凝聚的社会。

如果我们将以上这套体系称为"道德基础"，又将道德事件规定为非理性的选择行为中的一类特殊行为，那么这类行为怎么可能发生呢？这就涉及欧陆传统和英美传统里共同遵守的道德金律：己所不欲，勿施于人。在所有文明社会中，我们发现都有这样的说法，在《圣经》里，在孔孟思想中。不同的文明社会在时间、历史、地理上差别很大，但都有这样的思想。因为你不服从这一条，你就结不成社会。所以，我相信在目前所生存下来的7个文明中都有这个道德金律。像在西方的传统中，欧陆和英美都有一个共同的希腊、罗马传统，这一遗产就是斯多葛学派的"正确推理"（the right reasoning）：理性的人不会理性地去做错事，去伤害他人，因为他会理性地推断如果他这样做，别人也会反过来伤害他，于是他的行为就非理性了。所以从"正确推理"中可以推导出来"道德金律"。这是斯多葛传统，也是基督教的来源之一，到了后期就演变成了两个分支：英美的和欧陆的传统。而欧陆一派对道德哲学的影响更大一些。因为，一来他们有危机，还有他们具有不是新教传统的基督教传统，更古老的犹太教影响，这就是康德当作他的道德哲学基础来论述的"自由意志"（free will），他从自由意志里面推出一种责任，推出一种普适原则下的个人责任，而在我的理解中，萨特正是继承了康德的这一思想，尽管他似乎完全没有什么"道德哲学"可言。

康德的欧陆传统所要追求的是"自由意志"指导下的道德行为，而不是英美传统的在基本权利的基础上，人们有一个消极的自由态度就够了。如果你要追求你的自由意志，你线性地走下去，你可能就走到法西斯主义。这并不是康德的原意，康德所讲的意志自由是完全不受现实世界物质约束的个人意志，是一种精神力量。但如果我们将它放到现实中考虑，我们每日每时都被现实所困扰，所以我们的意志不是完全自由或者充分自由的，这样也就推不出在"自由意志"支配下我们应该做的那些事。而这并不是康德的出发点，康德的出发点是我先要假设一个抽象的人，他是完全不受此世限制的，不去做因受日常生活的烦恼而不得不为之的一些事，他完全是"自由"的，就像上帝那样自由。在这种情况下，这个人应该做的事是什么。由此出发点推出一些"己所不欲，勿施于人"的规则。

那么如何从康德的思想推出"道德金律"呢？罗尔斯曾专门有一篇文章论述从康德的意志自由到罗尔斯的普遍主义正义原则。推理过程是这样："第一个检验"是，你做任何一件事的时候（比如是否撒谎），你要用自由意志判断这件事对不对的时候，在这种情况下，此时此刻，如果你认为在这件事上你的自由意志不受任何环境约束，你得出该做或不该做这件事；然后，你再把这个检验深入到"第二个检验"，即是不是你自己在所有的场合，所有的情况下都应该做或不做这件事，才能完成你的自由意志；如果这一检验也通过了，那你再问第三个问题（"第三个检验"），是不是所有的人在所有的场合、所有的情况下，都做或不做这件事，如果是，那么做或不做这件事就应该成为普遍遵守的规则。

当然在伦理学史上有很多人围绕康德的例子批评他。比如有人在追杀你的朋友，这时只有你知道你朋友的隐匿之处，当杀手逼迫你讲出你朋友的藏身之处的时候，你是撒谎还是不撒谎。康德对此的回答是，这不是他所讲的自由意志，这已经是现实"不自由"状态下的"自由意志"了，因为你面临着有人持枪，他在物质上束缚着你。所以康德不回答这个问题。这被认为是康道德哲学的苍白之处。

由此，从欧陆哲学中衍生出来了一种看法就是，真正的自由，也就是"自由意志"意义上的自由，应该是由普适主义或普遍主义原则来保证的。这就涉及上面提到的用"正确推理"原则得到的"己所不欲，勿施于人"的行为规则。所以很有意思的是从两种不同的对自由的理解都可以得到道德金律。

这里又涉及道德问题的另一个维度，它是特殊主义呢，还是普适主义？现在很多的道德研究都认为，仅仅靠普遍主义推导来的原则，可不可以推出指导我们日常生活的那些道德准则？恐怕还是不行。这就像宪法并不能处理我们日常生活中的事，还需要有商法、民法、诉讼法，等等具体的法律。所以，为处理我们日常生活中遇到的麻烦、冲突，还不能仅仅依靠一些最普遍的道德准则，我们还得承认具体的义务、责任，也就是所谓"特殊主义的道德"。至少我是这么看目前两大派争论的。是普遍主义对还是特殊主义对？我认为，这两者都无法证明谁更正确。

就我们中国的文化而言，我认为，除了孔子的"己所不欲，勿施于人"所预设的他对"仁"的看法具有"普遍主义"倾向外，后来的思想发展就越来越倾向于"特殊主义"。像费孝通先生说的，总是强调中国的"差序格局"，这就是一种"非普遍主义"，是人们之间的交往"有差等"。最爱的是父母，再次是兄弟，再次是邻居，然后推及其他人，像水的波纹一圈圈扩展下去。这都是相对主义的、特殊主义的道德原则的表现。这是我们中国的实际情况。

面对我们今天现实生活中"道德滑坡"的局面，在我们能够将抽象的理论用来解释现实之前，我们还有很长的路要走，我们的分析也刚刚进行了一半。在中国社会里，什么是道德行为？我觉得，首先是每个人都要把自己所处的特殊环境考虑清楚，你是这个环境的中心，你有父母、子女、亲戚、邻居、朋友，你把自己与这些人的关系都做一个理性的认识，做一个很深切的理解，判定你与他们之间应该是什么样的关系，然后按照你确定的理想模式去处理各种关系，去与别人博弈，一直处理到符合你理想模式的程度。你的理想模式就是你的道德准则，你就这样行为。比如，孔子说："子为父隐，直在其中。"那么父亲犯了罪，儿子包庇，这就是正义？你说要"大义灭亲"，那不行，不现实。所以在一个特殊主义的文化中间，在没有普遍主义宗教传统的文化中间，就得从特殊的角度，每一个人都自己来判断，理性地判断，"利己"地，但不是"自私"地来判断他应该怎样处理，而不是实际上怎样处理（是"应然"而不是"实然"）人际关系。然后以这个判断来指导他的行为。在道德准则之下，在道德理解之下，尽量地朝这个方向努力的时候就涉及"实然"。实际上有很多事情你不得不去做，尽管你认为那不道德，你认为可能不对头。这是每一个人都需要解决的人生问题、冲突，每个人总是处在这种冲突中，这是你的生命过程。这没办法，每一个个体都是这样生活的。

在这种情况下，一个可以说是最严重的问题就出来了：就是从"乡土中国"到一个现代"市场社会"的过渡时期，由于我们缺乏强有力的普遍主义原则，那么怎样才能形成"道德共识"？例如，当分工充分发展了以后，农民本来是一个村的，通过婚姻关系都是亲戚，本来是很有"共识"的，而现在搞乡镇企业了，你生产钢管、他生产水泥、我生产煤炭，有专业分工，就有了利益冲突，就面临启蒙时代人们所遇到的道德危机，原来的共识就开始崩溃，就开始"杀熟"，越好的朋友越宰你一刀，因为他没有办法不按照这样行事，因为这是在特殊主义原则指导下，那个原则原本就是基于他个人这个"圆心"的，原本就可以随着他个人情况的变化而剧烈变化。结果有很多在"乡土中国"条件下可以达成的"道德共识"这时就达不成了。大家对这样的现象很头痛，希望返回到从前的道德共识上去，像"义利之辩"这样的传统提法，现在反响很大，例如《反暴利法》的产生，就有这样一个文化背景，有这样一个社会传统。

所以对于我们这样一个本来就缺少普遍主义原则的社会中，一旦走入市场经济或现代的分工社会，那么原来赖以维系社会的家庭联系就被冲烂了，血缘关系就被淡化了，那么与血缘关系联系的前现代化的共识就瓦解了。而宗教生活我们又没有，没有一个从西方中世纪带来的遗产，把"上帝"变成"法"就完事，使社会有一个"自然秩序"的条件。所以我们这里就成了"无法无天"的情况，人们就开始追求最眼前的利益——货币，用钱来指导人的一切行为。这时你没有道德准则了，你从小到大，没有人告诉你什么行为是道德的。道德是教育出来的，是一点点在传统中熏陶出来的，可我们的传统正在巨变，正受到冲击，每一个人都开始失落。如果按正常的状态，即便在一个特殊主义社会，也先在地有一个道德的基准，在这个参照系之下，人们知道向道德的方向去努力，这就是"文明化"的过程。而现在我们似乎不是这样，而是有点"野蛮化"的过程。因为，没有人去指导，人们完全是看怎么好就怎么来了。人们只是靠理性驱动，他的利益函数、效用函数，力求在眼前实现最大化，以后的事他也不去想了。严格地讲，我们社会生活中的大多数事情是要经过多次博弈才可以办好的。就是说，一个充分理性（"工具理性"意义上的理性）的人应该考虑到无穷远的未来的收益，然后将它折现到现在使他的总体效用最大化，这个最大化的行为有可能符合道德行为（尽管这已经不是康德所说的道德行为），也就是顾及他人利益的行为，因为如果毁掉了

"名誉",以后他就没有机会再与别人合作了,他就会损失更大的福利。但现在我们处在"过渡时期",未来的贴现值极不确定,以致没有人愿意考虑那个价值。结果每一个人都越来越短视,所以就会看到我们社会目前的假冒伪劣,这都是不要"名誉"或未来利益的行为。在一个规范的社会里面不会有这种现象,因为败坏名誉是要受到惩罚的。在我们这种情形下,还会形成"劣币淘汰良币"的局面。如果你顾及名誉,你就会吃亏(吃"眼前亏"而没有"未来好处"),以致你根本生存不下去。这个结果就很危险了。一旦出现了这种"道德风险"(moral hazard),就彻底破坏了人们之间互相信任的利益基础。如果这种"道德风险"的代价太高,而没有一个机制来平滑它,那就形成"逆淘汰",是"劣币驱逐良币",最后这个社会里所以的人都是"坏人",那些稍微好点儿的人都活不下去。我总举这个例子,是因为人类学家观察到一些部落,这些部落里面的"文化"是以能骗住所有的人为英雄人物来崇拜,就是大家都佩服那个骗术最高的人。我们可以设想,如果一直坚持这种标准,那就没有贸易、交换、信任可言,市场在这个意义上就崩溃了,结果这些部落几十年以后就会自然消失。

在目前的时刻,我并不是想让每一个人都来考虑道德问题,但我觉得道德的危机就在我们身边,如果我们处理不好,那无论是改革还是市场社会的发展都很困难了。

很可惜,对目前的状况,我提不出任何具体的办法。我在香港除了"制度经济学",一直都在研究企业家行为,这两者是有关系的。制度创新是企业家的行为而不是理论家的行为。那么什么样的制度可以使我们的道德危机得到缓解?我不知道,我只能说这是一个企业家(包括"政治家")创新的过程。我也喜欢引用这样的例子,就是在那些最大的企业之间,他们似乎已经形成了一种"强盗对强盗"的规则,就是说,如果你不守规则,那你就死(被别的强盗杀死)。所以在这一层次的企业家当中,"名誉"变得非常重要。他们开始向长远着眼,而不是搞"短平快"。所以"有恒产者有恒心"这个说法是有道理的。因此,有充分的竞争就会产生一个良性的秩序。但这个秩序是否能够扩展,扩展到大部分中小企业,那还得观察,这不是一个理论问题,而是一个实践问题。不过这是一种希望。

我从理论上可以提出来的一个原则(不是规则),就是"竞争性原则"。我并不知道什么是真正好的制度，但我知道真正好的制度一定是各种制度竞争的产物，是制度创新，是各种不同制度之间竞争产生出来的结果。这个竞争的结果可能是没有一个人满意，但这是我们得到的最好的制度或"最不坏的制度"。所以，只有充分竞争才是我们得到好的制度并解决道德危机的唯一途径。这就回到了自由主义经济学家的阵营，如盛洪提出的"只要允许我们交易"，其他的事都会自动解决了。

在《经济研究》今年3月发表的文章《卢卡斯批判以及批判的批判》中，我认为现代经济学还不"现代"，因为它没有思考人存在的意义这个现代问题，或上面我们说的现代危机这个问题，所以在这个意义上就不是现代，还是古典，还是新古典，至少是前现代的经济学，我们声称经济学是"现代的"，只不过是因为它多用了点数学。因此，为了使经济学进入现代，经济学必须首先回到古典，处理古典的问题。因为古典经济学的时代正是启蒙时代，正是那时候人们认识了现代危机。所以我们要回到古典经济学，重新梳理出现代传统，这才可以继续往前走，进入现代。如果缺乏这种眼光，就值得批判。我一直在思考现代经济学，我是从存在哲学、从生存论的角度来重新写经济学的。实际上我们做的任何一项经济分析都不可能脱离价值判断，我们的价值判断最基本的就是从生存哲学、从生存论的角度、从这个世界对我们有什么意义这个角度，来给出我们的价值判断。在这个判断基础上，才可能有类似效用函数、博弈均衡的选择这些能动的选择，去改变传统、去改变均衡、去进行制度创新。我认为从这个意义上说，经济学才现代化了。就是把人的意义考虑进来，而不是像新古典的现代经济学所表现的，把人当成一个东西来控制。现代经济学无非是做得"动态化"一些，像最优控制理论。但我们只要问一问"人"在哪里？就会发现现代经济学的缺陷。我想中国人如果说能够超越西方的经济学或者说能够继承它并超过它，一个可能出现突破的点就是结合我们的文化强势，也就是我们文化的"比较优势"。因为在中国思想中有深厚的人文基础、人文传统，把人的意义带回到经济学中来，这就有可能形成一个中国的、有中国特色的经济学。

我的遐想

最近突尼斯和埃及的事变又让我想到了传统与现代这一对范畴。现代生活说到底是"方便",这是克尔凯郭尔早年就觉察到了的。谁愿意为世人制造不方便呢?他发愿,说他愿意。方便,我以前在介绍戈尔那本书的标题时介绍过,英文含义很深刻,翻译为汉语则很浅薄,但这也涉及传统与现代的双重性,无奈。方便和不方便,只看不方便的英文语词,就有深意,仍以戈尔编写的那本书的标题为例:*An Inconvenient Truth*。此处两个关键词都只有无奈的汉译:不方便、真相。真相通常使我们不方便,这是真相的本质。可是科学主义者相信,真理(英文也即真相)造福于人类。什么是"造福"?传统与现代,有两种解释。现代的解释,造福,即增加幸福感,也即方便——这一语词的最初定义是:减少努力。宗教家克尔凯郭尔意识到什么问题?不方便反而是造福人类?戈尔为那本呼吁环境保护的书的标题选择了这样一种克尔凯郭尔式的表达,他自己意识到了？还是仅仅因为他使用的是英语从而有了类似集体无意识的宗教感？在人类可能发展任何文明之前，人类先演化出来"情感脑"，我很难判断是不幸还是万幸。哈耶克相信，传统植根于我们的情感脑。由三种原初情感而道德感而宗教感，这是人类情感的演化史。未来各文明的冲突与协调，必须也只能从这里出发，返回人类情感的演化史，寻求和解，或康德梦幻中的"永久和平"。这一遐想原本是写在"思享家"博客日志里的，但那里服务器休息了，"待审查"，故而转贴在搜狐博客，这里的服务器其实也经常休息（升级或维修），不过今天没问题，直接就日志更新了。更新之后，又读了一遍，意识到我们的无奈的汉译，其实有许多是严复那一代人留学东洋时，从日本人的英语翻译作品中带回来的。所以，我们的无奈，其实反映了日语翻译的无奈。由此想到，西学经典，大约50年便要有新的译本，不是为了阅读品的市场，而是为了将国内的新思想和新知识融入西学经典。日语何以肤浅？我的日文早已还给老师了，故而只有猜测而已。我的猜测，有些种族主义嫌疑，但我明白我不是。我的猜测是：东亚儒家三国（中、日、韩），只有古代汉语最深刻。为什么？我推测，是因为甲骨文时期，汉语已完全与民间口语分离了。这一分离，在日语和韩语里面，我推测，很晚，至少晚1 000年。书面语的本质是视觉的而不是听觉的，故而，它允许基于视觉直观的诸种抽象过程。例如，"意象"之学，例如"表象"之学，例如"意境"之学。所有这些学问，在印欧语系的"语音中心主义"传统里，很难有发展空间。这是脑科学研究报告：母语对情感脑的发育和结构，有塑形性的影响。情感脑决定两方面的脑功能：①社会脑、②理性脑。

回答网友"小楼玉笙"的评论：严复那一代人，根据我找到的统计数据，清末民初时期，留学东洋的大约1 500多人，而留学西洋的大约几十人。主要是甲午之后，情有可原，因为战争表明，东洋人学习西方成功了，与其中国人再去西方学习，不如拿来东洋人的西方经验。故而，我说他们那一代人主要是留学东洋。不过，严复比他们稍早，大约1880年吧，留英。感谢你的更正。

关于制度可以培养负责任或不负责任的政府，我的观察，美国有国会议员，任期可以很长，尤其是参议员，毕生连任的很多。此外，国会与政府之上，还有9

名终身制大法官，可判决国会或政府违宪。诸如此类的制度，总统任期虽短，但对社会（选民）负责的主要是国会议员和最高大法官而不主要是总统。新加坡和朝鲜是"家天下"，也可以有长期负责的政府。类推，独裁30年的穆巴拉克，比较而言还是相当负责的（试想伊拉克几年一届的政府将怎样表现）。独裁者最终要承担自己行为的全部后果，也就是负责的意思。民主制度是一整套结构，这些结构逻辑互补，缺一而不可。老邓废除了干部终身制，代之以什么制度？当初中纪委和中组部只有权宜设想，没有长远设想。平衡各种力量的结果是按照年龄"一刀切"，逐渐演变为目前的这种干部任期制。缺了监督中组部的机构，又缺了监督中纪委的机构，逐渐演变为无人负责的任期制。

如果目前无人负责的任期制能够被另一套提供更负责任的政府的制度取代，那么，我们关于抑制通货膨胀的想象就将成为现实。否则，一个无人负责的政府的理性行为当然是滥发钞票，因为这样最省力（官僚行为模式："努力最小化"原则）。哈耶克在20世纪70年代提出"非国家化的货币"设想，或许至今显得令人惊讶，但在未来绝不是不可行的。这一次金融危机之后，2009

年以后，布坎南呼吁"赋予货币宪法地位"，因为，货币问题，在奥地利学派经济学里的含义，始终是民众的购买力问题。民众的购买力问题，当然是财产权利的最核心的部分。试问，你从你的广义产权（生命、自由和产权）获得的收入如果每天都在迅速贬值，你的产权是受到保护了吗？当然不是。这就是布坎南这篇文章的出发点，他追溯产权哲学到洛克，然后他论证：如果产权是神圣不可侵犯的，那么，纸币的发行权，就不应交给任何一届政府。神圣的东西，只有在宪法层面才可能得到保护。我的遐想是：中国呢？中国人的产权呢？

我的困惑

（1）市场是怎样实现效率的？概括而言，市场是这样一种特殊的竞争机制，这种竞争机制的有效性，是通过激发尽可能多的人的人性之恶——例如"贪婪"，以达到资源配置的效率。这一竞争机制的极致形态，所谓"理性资本主义"，韦伯认为，典型地见于西方而不见于非西方。为什么不能出现于东方诸国？中国知识分子曾有过"资本主义萌芽"的若干次大讨论，不了了之。概括而言，你越是缺乏贪婪或其他类型的人性之恶，市场就越难以激发你的生产积极性，于是，当如你这般性情的人居然占了人群多数时，市场便无法扩展。其实，儒道教化对人性的规训，在很大程度阻碍了市场机制在中国传统社会里的可扩展性。此其一。

（2）意识形态统治力量，在我们传统社会里是伦理本位的，表现为"宗法社会"，以及作为政治格局核心要素的"皇权与绅权"的平衡。士农工商，四民之末是商。这一格局也在很大程度上阻碍了市场机制在中国传统社会里的可扩展性。此其二。

（3）因此，在我们的传统社会里，市场始终是政治的附庸，此所谓"民族资产阶级的软弱性"。赫希曼考证，西欧资本主义的最终胜利，其实是偶然，因为这一力量太卑微以致被追逐征服与荣誉的君主们忽略了太久太久，又借助一系列偶然因素，突然形成难以阻遏的趋势。中国社会则很少发生这样一系列的偶然，汉代吏治的优良传统（包括科举制）相当程度地替代了市场配置资源的有效性。此其三。

以上诸项，意味着，第一，我们不喜欢无限制的市场，因为我们在充斥了人性之恶的世界里很可能幸福感下降。第二，我们的政治文化传统是以知识精英（只有健康的"科举制-吏治"传统可能形成"知识"与"精英"的统一体）节制市场力量，而且维持了平均而言较高的幸福感。第三，近代以来科举制和汉代吏治传统的瓦解，以及"启蒙与救亡"的纠缠，知识与精英逐渐分离，官僚政治的负面力量远远超过了它的正面力量，又与资本勾结，以致成为"民主主义革命"的主题之一。"节制资本"，很难不流于官僚集团瓜分经济成果的盛宴，反而使"扶助工农"愈加渺茫。第四，反之，鼓励资本，很难不普遍地激发出人性的阴暗力量，甚至自我毁灭。第五，有许多案例表明，人在致富之后可以向善。然而，致富到何种程度才转而向善？何况，这意味着致富之前的全部趋恶行为都可以卸去道德责任？

我困惑，因为我很难维持"中立"。复杂自由主义者，很可能都有这一困惑吧？

两天之后，我发现这里的评论远比同一则日志在搜狐博客引起的评论热闹和深刻。这只是一次观察，表明这里更适合我。下面是我对评论者们的总体回答，希望对话继续下去：

网友讨论：

Andrewchan：无论"贪婪"还是"友善"都是人的本性（自然演化之结果），这就是为什么不同的文化能激发它们。市场文化轻易地激发了"贪婪"，而儒家文化同样成功的激发了后者。

丁丁：哪种是的，我在舒立团队再出发的聚会上曾发放了一份讲话提纲。其中有一张图，三维度的刻画：物的维度、心的维度，以及社会维度。韦伯探讨心的维度，因为他需要平衡马克思的探讨。你继承了马克思的探讨，技术是物的维度的重要因素。这一维度是许多19

世纪学者的研究对象。布劳代尔有过类似的三维度心智地图，用他的表述，就是"物质生活""市场经济""资本主义"。显然，他的刻画是沿着时间不断精致化（理性化）的三阶段，稍显古典（即过时）。真正的逻辑框架，这是数学训练的好处，永远表现为纯粹静态的框架，哪里可以有布劳代尔这样的"历史时间"？这是题外的话，不说。

Andrewchan：谢谢丁丁老师教诲。关于心的纬度。是否有人的本性、价值观到社会文化的递进呢？

丁丁：所谓本性，是自然竞争演化的结果，很难在短时间（数十万年）改变。参考进化心理学，和荣格的有趣的回答。感谢你。不过我遵循的是逻辑框架，是静态的，而非演化的。我试图将"心的维度"的正方向（趋于无穷大的方向）解释为心性的完全自足，所谓"不外求"。

黄建军：丁丁和各位讨论的一个前提假设，都是所谓必然的因果关系。但是历史的走向还有另外一种可能，就是黑天鹅事件对历史轨迹的改变。例如海外的华人，他们很难说不擅长市场。

丁丁：我常解释：人类理性化任何现象，只能通过两类方式。其一是因果关系,其二是统计关系。我的文字,通常是这两类方式互补的结果。黑天鹅事件,是小概率统计关系的极端例子。

万小广:看过的一本书说,我们一直问的问题是,我们为啥没能走上西方式的资本主义社会。这种提问本身就假定西方道路是必然的、普适的规律,其实走上这条道路的过程充满偶然性。

丁丁:跨文化的任何比较,都必定局部的。极端而言,任何翻译都是文化史的翻译。另一极端的看法,也有真理成分,就是相信存在着普适的原则。

孙黎:市场应该是社会建构的过程。

丁丁:这种看法在社会学文献里由来已久,最近在经济学文献里有了更多的表达。著名者,如米尔格罗姆(Milgrom)等人的"市场设计"公司。算是有了图卢兹学派的美国变种。

赵明:对您说的一些有关基督教义的理解有异议,提出来供您和大家参考。基督教承认人性本恶,但赎罪的方式是唯一的,就是凭着对耶稣基督的"信"——信他是神的独生儿子,信他为人。

丁丁:是的。我们网站的引用方式似乎引起误解。

我最初认为你不同意的是我的原文，然后明白你不同意她的文字。当然，她引用的是韦伯《清教伦理与资本主义精神》的看法。现代基督徒们，多不承认。而且，如果韦伯活着，必定要指出他当时的分析仅仅适用于解释加尔文教派的行为。

吴磊：市场的效率是通过单纯个体的讨价还价来实现的，中国的社会是一个整体，或者说中国个体之间的不具备讨价还价的基础——总是有某一方力量过大，导致市场效率的大幅降低。

丁丁：部分同意。但请你注意"Might Makes Right"这篇论文。美国早期的权力配置也远非均等。至于更早的西方社会，犹如今天你看到的社会一样。所以，我们常说：权利只能通过斗争得到。中国劳动者的困境在于，执政党原本代表他们的利益，但后来执政且依然有身份幻觉，于是不能另行组织维权。

游五岳：丁丁老师，《大学》开篇，讲的就是"止于至善"，因为，"知止"是"善"的前提。所以"致富到何种程度才转而向善"不过是自欺欺人的问题。更何况，致富之途存心动念间或已。

丁丁：感谢五岳。

赵何娟：丁丁老师，我明白你说的那种人内在的不安与困惑。我也读过《资本主义文化矛盾》，但是不明白，这种文化矛盾和贝尔所说的信仰的不安与焦虑，在儒教文化传统里，儒学是不？

丁丁：信仰及焦虑，人类社会通有，只要生存是充满不确定性的。只是在市场社会里有本质不同的表现。韦伯描述的，他自己也承认，是为了提供与唯物主义解释不同的一种解释，还可以有许多其他解释。所以，资本主义究竟如何发生？我们不必固执于韦伯提供的作为多种可能性之一的解释。例如，我引用过，赫希曼提供的，是另一种解释。他很深刻，森认为他是最深刻的学者（不必考虑他与他的亲缘关系）。

丁晨曦：汪老师说的这几点问题很契合黄仁宇的书《资本主义与二十一世纪》，但黄老有更深入的挖掘。

丁丁：黄的思路，太拘泥于韦伯的理解框架。可参考余英时对他的评论。

半布袋：汪老师，人文教化、意识形态和社会制度这三者如果在确定人们的选择的话，那么人在这些约束下的适应性反应是什么？遵守它们划定的选择集合，还是不违反？我觉得是不违反。

丁丁：艾智仁的文章，我介绍了许多次，关于产权的一些经济学。他说，竞争永远存在，只是，有不同的竞争机制。例如，选美是一种机制。考试是一种机制，诸如此类，我们可以发明许多。所以，只要资源稀缺，就必定有竞争。只要有竞争，就必定要有一些歧视准则，以便淘汰一些竞争者。如果我有了一张美好图纸，可以告诉你更好的竞争机制，我会有我的困惑吗？我相信，照这个样子，"思享家"网站会沦为普通网站。因为，难道每一位发言者，不能花稍许时间看看自己写的文字？这是怎样的写作习惯呀，它会毁了"互联网人类"。数日后读这一段文字，颇显激烈，我很抱歉，可能当时遭遇噩梦先生，有了情绪，恰好你的发言在噩梦之后，呵呵，这一定是互联网阅读的特征之一，然而，情绪需要时间来恢复，但互联网阅读不允许这样的调整时间。再次向你道歉。

Andrewchan：注意，丁丁的"贪婪"是打引号的，没有必要对其进一步解构。贪婪这里只是作为利他性的对应。自利性对其载体来说没有什么对和错，但自利性对其相关的受体来说是一种竞争

丁丁：感谢！我终于不用再被你前面那位纠缠了。

回答那样的评论，简直是噩梦。

……

丁丁：可是，我原文明白写着布劳代尔的三重概念：物质生活、市场经济、资本主义。我说的困惑，是关于中国资本主义的，不是关于中国市场经济的，也不是关于人类物质生活的。幸福，我说了，三维度，物的维度只是其一。中国人当然有物质生活也有市场经济。这里谁曾否认或批评过吗？我希望我的评论者们，仔细读你们评论的文字，然后，我倾听你们的评论。市场在中国的历史或许最悠久，我推测，至少有8 000年之久。当然，奥菲克的估计，更久远。

我原文涉及的，首先是中国市场为何这样久还没有产生资本主义，其次是，如果长期存在的东西一定有合理性，那么，中国资本主义长期不出现，合理性是什么？社会与人生，连接这两方面的，是"幸福"——主观感受中的幸福，导致想象中的幸福"最大化"行为。那么，幸福感的要素是哪些？三维度的讨论。然后，我们在被称为"资本主义"的这一特殊形式的竞争机制引导下，会更幸福吗？这是德克海姆百年前提出的问题，或者，齐美尔的百年问题："社会"为何可能？或者，行为经济学当代的问题:合作为何可能?或者,利他行为为何可能?……不要太乐观,我发现,任何乐观都有让你变得肤浅的倾向。

走向"千年之变"

20世纪最后一年,我称之为"千年之变"。我在这个专栏里曾经写过"关于我们人类的下一个千年"的预言和艾略特提出的300年周期波浪理论对世纪股票市场的预测。我在那篇文章里讨论过目前我们正在进入的"大熊市"在人类社会发展长周期里的位置,指出未来50年会是这一长周期的下降阶段。那篇文章是在年初美国股市高涨的时间写的,现在看来更加符合我们的直觉了。不过直觉后面还需要理论的支持,否则就很难区分预测与神谕之不同。

在决定世界经济长期走势的各种力量当中,我觉得有三个是最主要的力量:①人口结构的变动。如研究储蓄函数的经济学家早就注意到的,在一个趋于老龄化的人口里,由于单位家庭中劳动力比例的下降,整个经济的边际储蓄率趋于下降。这当然会影响投资和与投资密切相关的技术更新的速度。人口结构的变迁还有更复杂和长远的影响,例如朱利安曾经研究的人口平均年龄与发明创造（专利申请数量）之间的正相关关系，例如人口老龄化所引致的家庭结构的变化以及需求结构的变化，又例如人口老龄化引致的主流政治势力趋于保守的倾向以及相应的阻碍制度创新的倾向。②知识传统的转化。这在诺斯的著作中得到了充分注意，他总是强调决策者的心智对决策的影响。这在占据了主流位置的芝加哥学派经济学里也可以（用贝克尔的语言）描述为——你所受的教育决定了你的口味，而你的口味决定了你的选择。这也就是"贾府里的焦大绝不会爱上林妹妹"的道理。用我的语言表述，每一时刻的社会博弈的均衡解总是依赖于博弈者各自对历史上实现过的博弈均衡的阐释。如此演进，以至无穷。资源配置与产权结构都不过是这样一个社会博弈的演进过程在任一时刻达到某种均衡的结果。不断积累和变化着的人类知识存量，通过对历史的新的阐释而改变博弈参与者的"世界观"，从而影响他们在现实生活中的行为模式——制度的与资源配置的，后者决定了经济的绩效，决定了经济的长期走势[①]。③自然环境的变迁。这是显然的，例如不可再生

[①] 参见汪丁丁，《知识时间和空间的互补以及相关的经济学》，《经济研究》，1997年6月。

性资源的耗尽对经济增长带来的影响。目前又一次流行起来的所谓"可持续发展"的概念，尽管缺乏经济学基础，仍反映自然对人类发展的无法回避的限制。想象一下，在人类两百多万年的发展中，只有最后这两百多年进入了"非稳态"发展过程，在此之前是一个漫长的稳态过程，为了使这一过程持续如此长的时间，社会经济必须保持几乎为零的增长。仅仅凭了目前为止不到全部过程的万分之一的"增长阶段"，我们很难相信未来时代仍会保持这样的增长，除非，人类正在走向灭亡，或者另一种可能性是，除非人类知识进步的速度可以大大超过资源耗尽的速度。

在上述的三种力量中，我不打算讨论自然资源对经济增长的限制，因为资源对人类活动的限制可以是负面的，也可以激励出正面的影响，甚至可能通过收益递增效应引致突变[①]。这里我只能满足于对上述的另外两种力量的影响作一描述，事实上这两种力量相互之间的密切作用，在我看来主要地决定了我们人类社会的发展过程。

[①] 参见汪丁丁，《资源经济学前沿问题》，《经济发展与制度创新》，上海人民出版社，1994年。

在几百年的人类历史上，人口的出生率与死亡率几乎总是保持（在高水平上的）相等，于是人口自然增长率就保持为零。只是到了近代，由于知识积累导致在医学和公共卫生制度上的改善。决定了出生率的，首先是母亲以及父亲和其他家庭成员的教育程度，这包括宗教与道德的教育，也包括所谓"教养"（例如法国宫廷所代表的那种教养）。其次是由于教育程度的提高而引致的父母劳动时间的价值增长，从而，至少在贝克尔看来，儿童的单位成本上升并导致对儿童的数量需求下降，即生育率下降。不论理论是否可信，当死亡率迅速下降时，出生率并没有随之下降，这是一个事实，被称为"人口生育率转移"。这一变动所带来的是所谓"人口爆炸"现象（当土地资源有限时），以及随之而来的"发展中国家的经济发展问题"（即经济"不得不发展"的问题）。我在《大学》1998年创刊号上发表的大学讲义，对此有更加详尽的说明。

人口增长为什么必定导致经济增长？或者，为什么人口增长使得经济"不得不发展"？经济学家，特别是主流学派的经济学家不会同意我这么提出问题。政策制定者也不喜欢我这么提出问题，因为这似乎意味着"人口越多越好",后者的确是个有些荒唐的主张,只不过它不能从我提问的方式里必然地推导出来。我对我提出的问题的解释或许颇有些"残酷",因为这解释简单地说接近社会达尔文主义:当人口多而资源少时,人求生的本能和人的创造精神足使人找到改进生存方式的道路,即"经济发展",而那些没有创造精神的人则逐渐消亡。在一个没有竞争的社会里,人的创造精神很可能会蜕化。这个看法的极端化可以是尼采的"反道德"立场,因为"道德约束"是生存竞争中的弱者用来对付强者的最后武器。在纽约市郊那个聚集了来自世界各地的艺术家的格林尼治村里流行一句话:"假如你是天才,就不要顾及道德。"总之,大凡人类社会发明出来限制生存竞争的制度,包括道德和政府,总会或多或少地限制少数人的创造精神。当然,这种限制在我看来往往有必要,社会毕竟是多数人的社会,"公平"或者有节制的个人自由,是人类合作的秩序所要求的。

众多的人口导致为了争夺稀缺资源而竞争以及人的创造精神,这两件事情可能(但不必定)导致制度创新及建立效率导向的社会制度。这一可能性,很遗憾,除了欧洲人已经把它实现了以外,在欧洲以外的地方似乎还没有实现过。"西学东渐"的结果是欧洲的市场制度扩张到了欧洲以外的地方。我们之所以不能把这一可能性变成现实,我以为道理在于上述的第二种力量——知识传统的转化,没有提供给我们东方人朝着市场经济发展的那种心智结构。这是由梁漱溟先生很早以前相当有说服力地论述过的观点。我在以前写的许多文章里讨论过文化与经济发展之间的复杂关系。这里不再赘述。即便缺乏建立一个市场社会的文化传统,许多国内学者仍然发现或者"认为",中国自宋明以降人口与土地比率的恶化是导致中国"资本主义"早期萌芽的重要因素。我不愿意苟同这种观点,但愿意承认它合乎直觉的那一方面:人口多了,耕地少了,自然有发展工商业的动机和机会,伦理的束缚也就容易被克服了,甚至可以团体转化出新的为工商业服务的,例如余英时先生论述过的"中国近世伦理的世俗化"来。

在开发人的创造精神的诸种条件里,或许,那些专门研究企业家才能的学者发现,"个人主义"精神是最重要的一个条件,他们认为日本人没有能力在科学发明方面赶上世界先进国家,主要因为日本文化过分地压抑个人主义精神[1]。韦伯关于资本主义的论述与此吻合。西方社会的个人主义精神被认为是宗教改革时期"个人直面上帝"的结果[2]。在中国传统社会里，第一个敢于去吃螃蟹的人确实如鲁迅所说，是很可钦佩的。

宗教与伦理当然与人的心智结构有密切关系，但是它们对经济发展产生的影响，则主要是通过技术进步与制度来实现的。另外，随着人口结构从年轻到衰老，人的心智结构也会发生变化。例如，大部分老人缺乏创新精神，甚至缺乏个人主义精神。按照芝加哥学派的解释，当生命之烛即将燃尽的时候，未来价值的"贴现率"会变得非常高，也就是说，创新所带来的未来的好处对创新者而言所值甚少。所以对老人来说，创新激励随时光流逝而减少。假如老年人占据了社会政治生活的主导位置，那么这个社会对制度创新会没有太大的兴趣，从而当经济发展要求在新的环境下创设新的制度时，这种要求很难得到满足。于是经济发展逐渐停滞。当然，现实生活中有许多途径可以

---

[1] 参见琅特尔《各国的竞争优势》。
[2] 参见韦伯《新教伦理与资本主义精神》。

改变这样一个悲惨的结局。例如美国历史上的自由移民政策，对美国经济民主产生了巨大的正面影响。因为从后进国家向先进国家的移民，在严格的移民标准下倾向于"正向选择"人口质量——移民人口的平均教育程度和能力。但是美国正在像其他发达国家一样，关闭自由移民的大门。这将加速人口老化过程，倾向于减少人口平均的创新能力。

上述的故事的另一个方面是，人口老化过程恰恰是生育率迁移的产物，而生育率主要是随着教育程度的提高而下降的。这样看来，已经完成了生育率迁移的人口常常同时是享有较高教育水平的人口。这意味着知识积累也达到一个较高的水平，从而技术进步和制度创新，假如收益递增在这里是普遍规律的话，应当变得更加容易[①]。正是基于这样的理由，一些美国学者提出所谓"美国已经进入一个新时代的增长模式"的说法，换句话说，在这里决定经济增长的主要因素不再是物质投入的数量，而是知识含量的变动。这也是德鲁克最初讨论"后资本主义社会"之为知识社会

---

① 参见汪丁丁，《近年来经济增长理论的新进展及其反思》，《经济研究》，1994年。

时所强调过的论点①。

这样,影响经济发展的两种长期力量相互作用,至少就技术进步与制度创新而言,它们倾向于产生相反的影响。就具体的特定的社会经济而言,哪一种力量可以占据主导地位,这个问题只能从该社会的历史中去寻找解答。我是个悲观主义者,当我没有足够充分的论证时,我总是倾向于相信事情的悲观的那一方面。所以我相信美国经济正在走下坡路,它的人口正在不可挽回地衰老下去,它的技术进步与制度创新的速度,尽管有增无减,却似乎难以抵消人口老化所带来的政治的、社会的、文化的和经济的消极影响。我相信在21世纪的后半叶,整个世界的人口都将完全进入老化过程,我不知道那个时代的知识进步以及技术和制度创新的速度会是什么样的,不过我对此不很乐观,我觉得200年经济发展仅仅是人类漫长稳态社会的一次变式的波动,均衡早晚会实现,增长早晚会消失。

---

① 时下流行的提法"知识经济",应当重新定义为"知识社会的经济",而不是关于知识的经济,"收益递增"现象是知识社会的经济的最重要特征,参见汪丁丁的关于"知识互补性"的文章。

很抱歉，对那些持有股票的读者来说，我这篇文章十分可恨。好在我也持有股票，而且我相信只要选择"好"的企业，股票总会升值的。对于那些仅仅购买股票指数基金的人，就长期而言，我认为那是一件肯定赔本的事情。

"千年之变"就要降临了，人们对此缺乏心理准备。千年之变往往使人们变得心理脆弱、感觉敏锐、反应过度。那些想要坚强起来的读者，不妨回顾一下公元前1000年、基督元年和公元1000年的时代发生过什么。对于像我这样的"渐变主义者"来说，千年之变在50年内完成其变化的最明显的部分，那是一点都不奇怪的。在"走向千年之变"里，我想要考虑清楚的，也只是未来50年的变局而已。

编后记

汪丁丁：找回灵魂的任务

2012年4月和10月，汪丁丁先生的《青年对话录》第一辑：《什么样的人生是值得追求的》《教育是怎样变得危险起来的》《未来八年我们该如何做》，第二辑《阅读，成为你自己》《身体与生命，西医与中医》先后出版。

《青年对话录》入选新浪好书排行榜总榜。《身体与生命，西医与中医》入选了《全国图书馆推荐书目（2012）》，在北京万圣书园、杭州枫林晚等著名的人文书店成为榜上好书，也是很自然的事情。

对于读者和社会而言，这样的情形自然可喜。在此，由衷感谢像苏小和先生这样的独立书评人、新浪这样的媒体和中国图书馆学会阅读推广委员会这样的机构，对社会的责任心，他们的见识与情怀，让他们乐于把真正有深厚广远价值的好书推荐给青年人，他们愿意和汪丁丁这样的学者一起，为中国社会文化价值大厦的建构，贡献最好的思想栋梁。

2013年深秋，东方出版社的徐玲女士发给我她编辑出来的《青年对话录》第三辑：《人与经济》《人与制度》《人与知识》。这是一年多来的成果。从2012年初秋，徐玲第一次到我家，和我沟通，希望出版汪丁丁著作，东方出版社的许剑秋、黎松两位老总也出面反复商议，我因此了解到东方出版社一些雄心勃勃的出版计划。许总和黎总的出版理想和个人做事的风格，令人尊敬。徐玲的干练，做事的专注执着，也令人十分欣赏。当时，汪丁丁先生正在国外闭关写作他的《新政治经济学讲义——在中国思考正义、效率与公共选择》。但徐玲和我保持了密切沟通，她耐心等待，甚至把一些工作做在前头，不怕冒险做无用功。我乐见其成，反复与汪丁丁先生夫妇沟通，终于有了《青年对话录》第三辑的"东方版"。同时，特约编辑风君对此书成稿也有很大贡献。

延续前面两辑《青年对话录》的惯例，再写一篇编后记。一部分新读者，一向觉得汪丁丁先生的作品深不可读，读了我的编后记，发现去读汪丁丁先生的作品，是人生一大幸事。这篇编后记，我希望写得简短些。

就围绕"灵魂"这个关键词，说几句吧。

在汪丁丁的思想大厦中，有一些梁柱式的关键词，

"灵魂"是其中之一。

比如，他说："在历史终结的地方，总有生命；当生命试图超越'生命'时，总有思想。如同麦田里吹过的风，思想转瞬即逝。但那毕竟是清新的，带着泥土的生命气息的，打动了我们灵魂的瞬间。"

在东北财经大学的跨学科教育中心，他孜孜付出数年，其衷心追求的教育目标是"培养有灵魂的专家"。

在他更多关于"人与制度"、"人与经济"和"人与知识"的文章中，在琳琅满目的思想珠玑中，一条贯串的线索是"灵魂"。我读这三本书的书稿，就攀扶着这条"灵魂"线索，登上思想的华山。人，在此都担负着为自己找回灵魂的任务。

赵婕

2013年10月22日

图书在版编目(CIP)数据

人与经济 / 汪丁丁 著. —北京:东方出版社,2014.1
(青年对话录)
ISBN 978-7-5060-7293-9

Ⅰ.①人… Ⅱ.①汪… Ⅲ.①经济学-青年读物 Ⅳ.①F0-49

中国版本图书馆CIP数据核字(2014)第017007号

青年对话录:人与经济
(QINGNIAN DUIHUALU: REN YU JINGJI)

作　　者	: 汪丁丁
责任编辑	: 徐　玲　赵陈碑
出　　版	: 东方出版社
发　　行	: 人民东方出版传媒有限公司
地　　址	: 北京市东城区朝阳门内大街166号
邮政编码	: 100706
印　　刷	: 北京中科印刷有限公司
版　　次	: 2014年3月第1版
印　　次	: 2014年3月第1次印刷
开　　本	: 787毫米×1092毫米　1/32
印　　张	: 9.375
字　　数	: 113千字
书　　号	: ISBN 978-7-5060-7293-9

发行电话:(010)65210056　65210060　65210062　65210063

版权所有,违者必究　本书观点并不代表本社立场

如有印装质量问题,请拨打电话:(010)65210012

www.ingramcontent.com/pod-product-compliance
Lightning Source LLC
Chambersburg PA
CBHW050839230426
43667CB00012B/2072